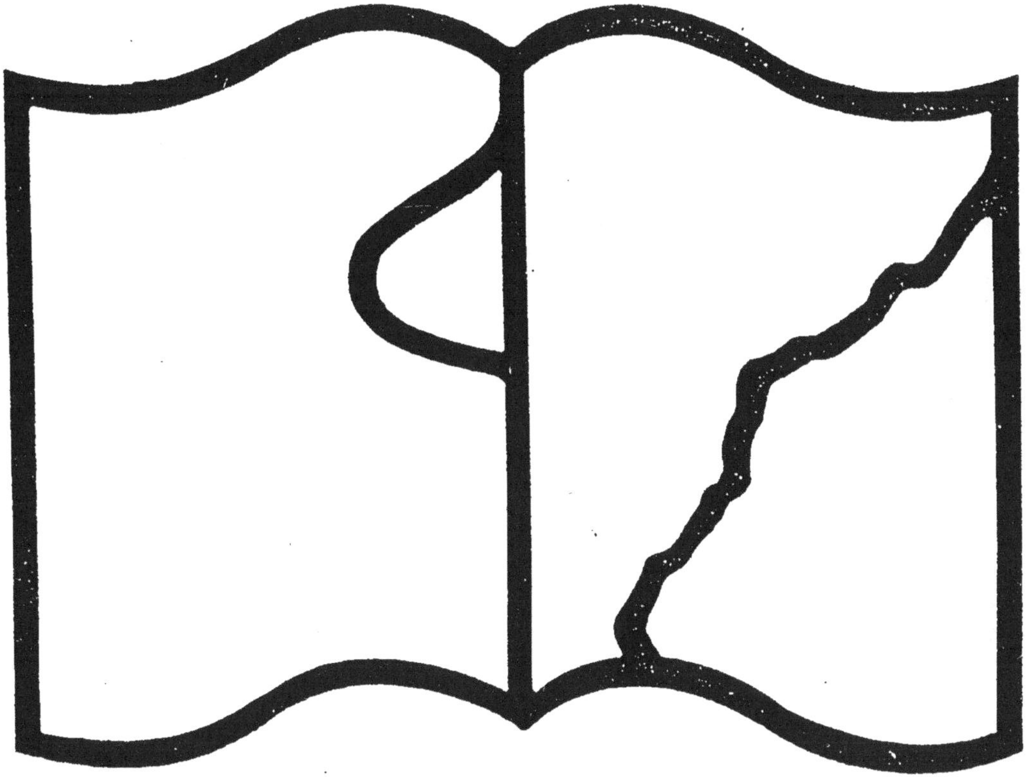

Texte détérioré — reliure défectueuse

NF Z 43-120-11

NOUVELLES RÈGLES

POUR LA PRATIQUE

DU DESSIN

ET

DU LAVIS

DE L'ARCHITECTURE CIVILE ET MILITAIRE.

Par C. M. DELAGARDETTE, Professeur d'Architecture, Architecte des Bâtimens civils, ancien Pensionnaire de l'École des Beaux-Arts à Rome, Membre de la Société libre des Sciences, Belles-Lettres & Arts de Paris, Architecte de l'École de Médecine de Montpellier.

A PARIS,

Chez BARROIS l'aîné & FILS, Libraires pour l'Architecture & l'Art militaire, rue de Savoie, N.° 23.

AN XI (1803).

INTRODUCTION.

Depuis long-temps les nombreuses imperfections des Règles du Dessin & du Lavis, par Buchotte, faisoient desirer qu'on publiât un Ouvrage qui remplit le même but, & qui contînt les Méthodes adoptées depuis la dernière édition de son Livre. Nous avons été sollicités de nous charger de ce travail, & nous avons cherché à remplir la tâche que nous nous étions imposée, de manière à pouvoir mériter l'approbation de nos Lecteurs.

Nous allons exposer le plan que nous avons suivi & faire connoître les sources où nous avons puisé les principes que nous avons expliqués dans le cours de cet Ouvrage.

La pratique du Dessin de l'Architecture civile & militaire, est l'art d'exprimer, sur le papier, les Plans généraux, les Plans particuliers, les Façades, les Coupes & les Profils des monumens & des places de guerre, selon les lois données par la nature & suivant les moyens d'expression reçus & établis par l'usage.

On parvient à déterminer, d'une manière claire & précise, ces moyens naturels & ces moyens d'expression, par l'accord des lignes de diverses grosseurs, par l'harmonie des ombres portées & adoucies, par l'effet des demi-teintes & celui des différentes couleurs placées & posées convenablement entr'elles.

La connoissance & l'exécution de ces lois & de ces moyens, ne sont pas aussi aisées qu'elles le paroissent. Il faut avoir les dispositions nécessaires, qui consistent principalement dans l'intelligence, le goût du Dessin, & un grand exercice de sa pratique.

Nous enseignons dans cet Ouvrage, les procédés que l'on doit suivre pour parvenir avec facilité, précision & célérité à la connoissance & à l'exécution de ces lois & de ces moyens. Nous espérons par-là aider beaucoup ceux qui n'auroient pas les Maîtres nécessaires ni les dispositions requises.

Les procédés que nous enseignons sont fondés sur les Règles reçues & établies; elles sont naturelles ou de convenance. Les unes ont leurs principes dans la vérité, & leur expression sur le papier, dans l'intelligence du Dessinateur; les autres sont établies par l'usage & apprises par l'étude; la pratique seule peut les faire exécuter.

Si on ne suit pas ces Règles avec exactitude, il est impossible de dessiner avec goût, & de se faire comprendre, même par les gens instruits.

Il est aussi des lois naturelles & de convenance, & des moyens d'expression, pour représenter les accessoires des Plans, & particulièrement de ceux de fortification, où l'on est souvent obligé de faire le paysage d'alentour. Il faut connoître les Règles de ces accessoires; car il y a bien de la différence entre un paysage en plan & un en perspective; dans ce dernier, si l'on profile les objets tels qu'on les voit dans la nature, on obtiendra l'effet requis: dans les paysages en plan, les montagnes doivent être représentées à vue d'oiseau; c'est-à dire, d'une manière écrasée, parce que l'on a besoin de connoître l'étendue de leurs bases. Les terres labourées doivent être sillonnées parallèlement &c, &c.

Les Règles que nous enseignons pour l'Architecture civile, sont celles adoptées par tous les grands Architectes, & par la ci-devant Académie d'Architecture. Pour l'Architecture militaire, nous donnons celles suivies dans tous les Bureaux des Officiers du Génie; lesquelles nous ont été transmises & détaillées par feu M. GELLIOTTE, Officier du Génie, distingué par ses connoissances.

Le but de cet Ouvrage étant l'explication complette & parfaite des lois naturelles & de convenance, & de la manière de les faire sentir avec clarté & de les exécuter avec méthode, nous mettons l'Élève devant la feuille de papier, sur laquelle il doit faire son dessin; nous le menons, comme par la main, en le faisant passer du trait au crayon à celui à l'encre, de-là du lavis des teintes plattes à celui des ombres; enfin nous le conduisons par degrés, jusqu'à l'entière & parfaite exécution de son dessin. Nous l'avertissons en passant de tout ce qui peut l'accélérer & le porter à la plus haute perfection.

Nous avons eu soin sur-tout de débarrasser la

marche de la pratique des observations sur les instrumens & sur les objets usuels : ainsi, quand nous enseignons à nos Élèves la marche du lavis, nous leur parlons seulement de l'ordre qu'ils doivent suivre pour mettre les teintes & de l'harmonie qu'elles doivent former entr'elles. Toutes les observations qui nous ont paru nécessaires sur les pinceaux, sur l'encre & sur les couleurs, forment un Chapitre particulier, afin de ne point troubler la clarté, ni interrompre l'ordre si nécessaire dans un Ouvrage élémentaire.

Cet Ouvrage est divisé en cinq Chapitres.

Le premier donne une connoissance parfaite des moyens d'expression consacrés par l'Architecture civile, & de la manière de la dessiner.

Le second donne la manière d'exprimer & de dessiner l'Architecture militaire.

Le troisième contient des instructions étendues, des observations utiles sur tous les divers instrumens nécessaires dans la pratique du Dessin, comme table, règle, équerre, compas, siège, rapporteur, tiratore, &c. On démontre leur utilité ; on indique leurs inconvéniens, le moyen d'y remédier, la manière de s'en servir, &c.

Le quatrième traite des opérations générales & particulières dans la pratique du Dessin pour la formation des échelles en rapport, pour copier, calquer, piquer, réduire, grandir, &c.

On y trouve encore plusieurs opérations manuelles, comme de joindre plusieurs feuilles de papier sans coutures apparentes, de fixer le papier sur la table ou sur la planche, de contre-coller les Dessins, de les mettre sur la toile & de les en ôter sans les endommager.

Le cinquième traite très complétement de tous les objets usuels dans la pratique du Dessin, comme papiers, crayons, plumes, colle à bouche, gomme élastique, alun, encre de la Chine, & de toutes les couleurs. On y enseigne leurs choix, préparations, mélanges, la manière de les faire & celles de s'en servir. On y trouve encore la manière de faire la colle à bouche, le papier huilé, &c.

Pour éviter les répétitions, on a numéroté chacun des alinéa qui contient, soit une loi, soit une leçon, ou une règle à observer. On les a fait se renvoyer réciproquement.

L'Ouvrage est terminé par un Vocabulaire, composé de tous les termes consacrés à la pratique du Dessin, & de toutes les observations qui auroient interrompu l'ordre, si elles eussent été répandues dans le cours de l'Ouvrage.

TABLE DES CHAPITRES.

INTRODUCTION.................... Page 3

CHAPITRE PREMIER.

DE L'ARCHITECTURE CIVILE.

ART. I. Des Plans en général............ 1
   II. Du Plan particulier en général, *pl. I*... 2
   III. Du Plan du rez-de-chaussée, *pl. I*.. 3
   IV. Du Plan des souterrains ou des caves, & du Plan des étages supérieurs, *pl. II*. 9
   V. Du Plan des combles, *pl. II*....... 10
   VI. Du Plan de jardin, *pl. III*......... 12
   VII. Des Plans généraux, *pl. IV*........ 14
      Du Plan général en masse, *pl. IV*... 15
      Du Plan général en comble, *pl. IV*.. 16
      Du Plan général détaillé, *pl. IV*.... 16
   VIII. Des façades ou élévations des monumens, *pl. V*.................... 17
   IX. Des coupes des monumens, *pl. V*... 23

CHAPITRE II.

DE L'ARCHITECTURE MILITAIRE.

ART. I. Des échelles, *pl. VI & VII*........ 25
   II. Manière de tracer au trait les diverses parties du Plan d'une place, *pl. VIII*. 30
   III. Du lavis du Plan d'une place, *pl. VIII*. 33
   IV. Des coupes ou profils, des élévations ou façades, *pl. VIII*............. 37

TABLE DES CHAPITRES.

v. Manière d'exprimer les bâtimens d'architecture civile, sur les Dessins d'architecture militaire............ 39
Des plans...................... 39
Des façades.................... 41
Des coupes..................... 41
vi. Manière d'exprimer & de dessiner les diverses parties du Plan d'une place, & les accessoires qui l'accompagnent ou l'environnent, *pl. IX & X*..... 42
vii. Des Cartes topographiques & des accessoires de paysage qui accompagnent les Places de guerre, *pl. X*... 57
viii. Manière d'exprimer les divers ouvrages du siège d'une place, *pl. XIV*.. 73
ix. Des armées campées & en bataille, *pl. XIII*........................ 77
Des camps retranchés, *pl. XIII*..... 81
x. Manière d'exprimer les troupes auxiliaires dans une armée, *pl. XX*..... 81
xi. Ordre à suivre pour la formation du tableau des renvois d'une place.... 82
xii. Des Cartes géographiques, *pl. XII*.. 83
Des positions pour la Carte particulière d'une place, *pl. XII*......... 86
Des positions pour la Carte particulière d'un Canton ou d'une Sous-préfecture, *pl. XII*................. 87
Des positions pour la Carte d'une Province, d'un Département ou d'une Préfecture, *pl. XII*............. 90
Des positions pour la Carte d'une République, d'un Empire ou d'un Royaume, *pl. XII*............... 91
xiii. Des Cartes maritimes, *pl. XI*...... 92

XIV. De la Boussole qui sert à orienter les Cartes & les Plans, *pl. XI*....... 93

XV. Des cadres ou bordures des Dessins, *pl. XI*.............................. 95

CHAPITRE III.

DES INSTRUMENS.

ART. I. De la table à dessiner & du siège, *pl. XV*........................ 96

II. De la glace à calquer, *pl. XV*..... 98

III. De la planche à coller les Dessins.. 100

IV. Du tiratore, *pl. XVI*............ 101

V. De l'équerre simple, *pl. XV*...... 102

VI. De l'équerre mobile, *pl. XVII*.... 104

VII. Des règles, *pl. XV*............. 105

VIII. Des canifs.................... 106

IX. Du porte crayon, du piquoir & de la pointe à calquer............ 107

X. Des pinces à coulans & des épingles à calquer...................... 108

XI. Du tire-ligne................... 108

XII. Des compas ordinaires & du rapporteur....................... 109

XIII. Du compas de proportion........ 110

XIV. Des pinceaux & des entes........ 111

XV. De la boîte aux couleurs, *pl. XVIII*. 112

XVI. Du singe de BUCHOTTE, *pl. XVIII*. 114
Manière de monter l'instrument & de s'en servir, *pl. XVIII*....... 118

CHAPITRE IV.
DES OPÉRATIONS GÉNÉRALES.

ART. I. Copier un dessin au compas, *pl. XIX.* 121
Copier au carré, *pl. XIX*......... 122
Copier aux carreaux, *pl. XIX.*.... 122

II. Piquer un dessin................. 123

III. Calquer sur le papier huilé ou verni. 125
Calquer à la glace............... 126

IV. Réduire & grandir par le moyen des échelles, réduire *pl. XIX*....... 126
Réduire & grandir par le moyen des échelles, grandir, *pl. XIX*...... 127

V. De l'angle de réduction......... 127
Construction de l'angle de réduction pour réduire, *pl. XIX*......... 127
Construction de l'angle de réduction pour grandir, *pl. XIX*......... 129

VI. Méthode pour construire géométriquement les échelles........... 130
— Moitié d'une autre, *pl. XIX*.. 130
— Double d'un autre, *pl. XIX*... 130
— Au tiers d'une autre, *pl. XIX*.. 130
— Le triple, *pl. XIX*........... 131
— Au quart d'une autre, *pl. XIX.* 131
— Quadruple, *pl. XIX*......... 131

VII. Manière de réunir plusieurs feuilles de papier sans couture apparente.. 131

VIII. Manière de fixer le papier sur la table & de l'enlever................ 133

IX. Manière de contre-coller les dessins. 134

X. Manière de coller les dessins & les plans sur toile & de les décoller.. 135

CHAPITRE V.
DES OBJETS USUELS.

- **Art. i.** Du papier à dessiner............ 136
- **ii.** Du papier serpente............. 137
- **iii.** Du papier verni............. 137
- **iv.** Du papier huilé............. 138
- **v.** Des crayons................. 140
  - Des crayons de mine............ 140
  - Des capucines................. 141
  - Des crayons de Conté.......... 141
- **vi.** Des plumes................... 142
- **vii.** De la colle à bouche, manière de la faire......................... 143
  - Son usage & manière de s'en servir. 143
- **viii** De la gomme élastique.......... 144
- **ix.** De l'alun..................... 145
- **x.** Des couleurs en général......... 145
- **xi.** Préparations, emploi & conservation de quelques couleurs............ 151
- **xii.** Du mélange de quelques couleurs.. 152
- **xiii.** Manière de faire diverses couleurs.. 153
  - Le vert d'eau................. 153
  - Le bistre liquide.............. 154
  - Le bistre sec................. 154
  - Le vert de vessie............. 155
  - Le vert d'iris................ 155
  - Le jaune liquide.............. 155
- **xiv.** Apperçu des prix des instrumens & des objets usuels................. 155

Vocabulaire..................... 161

RÈGLES

RÈGLES DU DESSIN ET DU LAVIS.

CHAPITRE PREMIER.

DE L'ARCHITECTURE CIVILE.

Démonstrations des moyens d'expression des Règles de pratique & de lois naturelles à connoître & à observer dans le Dessin des Plans généraux, des Plans particuliers, des façades & des coupes des Monumens.

ARTICLE I.er

DES PLANS EN GÉNÉRAL.

1. Les Plans présentent, d'un seul coup-d'œil, toutes les différentes divisions des édifices, leurs bâtimens, cours, jardins, places, rues, fontaines & autres bâtimens accessoires & environnans. Voilà pour les Plans généraux.

2. Ils présentent, d'un seul coup-d'œil, les différentes distributions particulières de chaque bâtiment en particulier : comme cours, escaliers, vestibules, salle à manger, sallon, chambre à coucher, cabinet, cuisine, office, écuries, remises,

bûchers, latrines, portes, croisées, cheminées, poëles, &c. Voilà pour les Plans particuliers.

ARTICLE II.

Du Plan particulier en général.

3. L'Ordre méthodique exigeroit que nous parlions d'abord du Plan général ; cependant nous commençons par le Plan particulier, parce que son explication nous a paru présenter plus, que le Plan général, de matière instructive & élémentaire dans la pratique du Dessin.

4. Ayant pour but, dans cet Ouvrage, d'enseigner la manière d'exprimer, de tracer & de laver toutes les diverses parties des plans, des façades & des coupes, nous avons choisi un bâtiment, dans lequel sont réunis tous les divers objets dont nous avons à parler, & que nous allons expliquer.

5. Nous avons même supposé dans le Plan, *Pl. I*, que les murs de droite & de gauche étoient mitoyens ; ce qui a obligé de faire, à droite & à gauche, des petites cours CC qui prennent le jour d'en haut, & le communiquent aux pièces qui les avoisinent. Les murs mitoyens sont toujours désignés par une ligne ponctuée, qui les partage en deux dans toute leur longueur. Cette ligne ponctuée s'exprime de même dans un mur mitoyen en coupe.

6. Il suit de ce que nous avons dit (2), qu'il faut supposer, dans un Plan particulier, que le monument est coupé horizontalement au-dessus de l'appui des croisées, qu'on a enlevé toute la partie supérieure du bâtiment, & qu'on regarde l'inférieure géométralement en-dessus, afin d'en voir tous les détails & les distributions.

CHAP. I. DE L'ARCHITECTURE CIVILE.

ARTICLE III.

Du Plan du rez-de-chaussée. Planche I.

7. C'est celui de l'étage inférieur qui porte sur les voûtes des caves; nous le supposons donc, comme nous avons dit (2, 6), & comme il est représenté *Pl. I.*

8. Nous commencerons par en faire connoître les moyens d'expression, c'est-à-dire, les marques distinctives qui servent, suivant l'usage reçu, à exprimer telle ou telle pièce, & à faire reconnoître & comparer ces diverses distributions:

PAR EXEMPLE,

9. Les cours C s'expriment par un puits A, une fontaine, une pompe, une auge B, & sur-tout par une légère teinte d'encre de la chine; le puits, par un cercle, & l'auge, par un parallélogramme à double trait qui forme l'épaisseur du rebord du puits ou de l'auge, dans lesquels on met de l'eau;

10. L'antichambre D, par un poêle E, ainsi que la salle à manger. Les poêles E sont ordinairement indiqués, par un cercle ou par un quarré couvert d'une légère teinte de rouge & placé dans une niche;

11. L'Escalier X, par le limon Y formé de deux lignes près l'une de l'autre, & par les marches placées entre ce limon & les murs de la cage; les marches d'en-bas J se tracent par des lignes pleines, & celles d'en-haut *e*, se font en lignes ponctuées;

12. La salle à manger, par un poêle, ainsi que l'antichambre (10);

13. Le sallon K, ou salle d'apparat ou de compagnie, par des piedestaux I, pour des figures; par des pieds de candelabres J, pour des bustes ou girandoles : les premiers s'expriment par

des quarrés à doubles traits, & les autres, par des triangles qui ont les angles coupés, & une légère teinte de rouge par-dessus. On y trace aussi en lignes ponctuées la corniche du plafond, de même qu'à la chambre à coucher, au cabinet, &c.;

14. La chambre à coucher F, par une alcove G, un lit H que l'on figure par un parallélogramme en lignes ponctuées, dans lequel on tire les diagonales d'angle en angle, à chacun desquels on fait un petit rond pour indiquer le pied du lit; on y trace pareillement les corniches (13);

15. La salle ou cabinet de bain L, par une baignoire M, exprimée par une ellipse alongée, dans laquelle on met de l'eau;

16. La cuisine N, par des fourneaux O, un four F, un évier Q, & sur-tout par le manteau R de la cheminée que l'on y ponctue.

17. Les fourneaux O se représentent par un parallélogramme couvert d'une légère teinte de rouge, & sur lequel on dessine les réchauds particuliers par d'autres petits parallélogrammes, dans lesquels on trace des lignes noires ou rouges pour indiquer les grilles.

18. Le four F, par un cercle entouré de murs;

19. L'Évier Q, par un quarré à double trait, à un angle duquel on fait un petit rond noir, qui indique le trou par où s'écoulent les eaux; on y met aussi une légère teinte de rouge.

20. Le manteau R de la cheminée de la cuisine s'exprime par un parallélogramme fermé de trois lignes ponctuées & d'un mur, & par deux lignes diagonales disposées, comme on le voit, en R;

21. L'Office S, par des fourneaux T, plus petits que ceux de la cuisine N;

22. Les écuries *h*, par des mangeoires *i*, sur

CHAP. I. DE L'ARCHITECTURE CIVILE. 5

lesquelles on met une teinte de bois, & par la barre *l*, pour la séparation des chevaux; on l'indique par une ligne noire, avec un gros point;

23. Les remises *m*, par une lisse *n*, pour diriger la voiture au milieu; les lisses sont faites de quatre pièces de charpente, formant triangle isocèle;

24. La buanderie *f*, par un cuvier *g*; c'est un cercle à double trait, dans lequel on met de l'eau.

25. Les latrines U, par un siége d'aisance V, sur lequel on met une teinte de bois; on exprime la lunette par un petit cercle qu'on remplit de noir.

26. Les murs, en général, s'expriment par une teinte jaune, rouge ou noire, entre deux lignes parallèles.

27. Les cheminées *t* se font ordinairement par un renfoncement dans l'épaisseur d'un mur, & par un autre petit mur à droite & à gauche de ce renfoncement.

28. Les croisées P s'expriment, dans l'épaisseur d'un mur, par sept lignes; trois dans le sens de la largeur de la baie, la première à l'extérieur, la seconde dans l'épaisseur même du mur, pour marquer, avec la première, l'épaisseur du tableau, & la troisième ponctuée à l'intérieur qui détermine, avec la seconde, l'épaisseur de l'embrasure; les quatre autres terminent la largeur de la baie, deux perpendiculaires à la face du mur terminent le tableau, & les deux autres obliques terminent l'embrasure.

29. Les portes *q* se distinguent des croisées en ce qu'on ne tire aucunes lignes, & qu'on ne met aucuns traits dans la baie, laquelle est terminée, à droite & à gauche, par une seule ligne perpendiculaire à la face du mur.

30. Les grilles de clôture *r* sont exprimées par deux lignes qui en sont le soubassement, & par des petits points qui indiquent les barreaux.

31. Voilà les principales marques distinctives des diverses distributions, & les moyens d'expression les plus en usage ; les autres pièces qui ne sont point expliquées ici, comme vestibules, galleries, cabinets, magasins, bûchers, &c. n'ont point de marques distinctives particulières; leur grandeur, leur proportion avec les autres pièces, & le lieu où elles sont placées dans le bâtiment, les font suffisamment reconnoître ; cependant, comme la plupart sont assez souvent voûtées, on y indique les voûtes en les y ponctuant (49).

32. Des moyens d'expression, nous passons aux procédés de pratique ; c'est-à-dire, à la démonstration de la marche méthodique de la pratique du Dessin. Tout ce que nous venons de dire une fois bien compris, on a fait un grand pas vers l'intelligence d'un plan.

33. Supposons à présent que l'on veuille dessiner le plan du rez-de-chaussée, *Pl. I*, d'une grandeur indéterminée.

34. D'abord on collera son papier sur la table, (100); c'est la seule manière de dessiner proprement.

35. Après avoir tracé tous les cercles (37) & toutes les lignes au crayon, on les tracera à la plume, en observant que, dans l'architecture civile, toutes les lignes d'un plan (103) de distribution se tracent d'*abord*, sans aucune distinction de grosseur, avec de l'encre de la chine bien noire.

36. Toutes les lignes doivent être tracées le plus proprement possible, bien égales, bien noircies dans toute leur longueur ; très-fines quand le

CHAP. I. DE L'ARCHITECTURE CIVILE. 7

plan est sur une petite échelle, & plus grosses quand l'échelle est plus grande.

37. On commence toujours par les cercles, s'il y en a; car il arrive souvent que des cercles joignent directement des lignes droites, & il est bien plus difficile d'arriver juste aux cercles que d'en partir.

38. Les lignes ponctuées se font ensuite, aussi à l'encre de la chine bien noire. Les points doivent être fins (36), serrés & bien nourris d'encre.

39. Quand le plan sera entièrement au trait, on passera légèrement une mie de pain, & même la gomme élastique, si besoin est, pour en ôter les traits de crayon inutiles; ensuite on lavera.

40. Tous les murs coupés (2, 6), de marbre, pierre ou maçonnerie, dans les plans des souterrains ou caves, & dans ceux du rez-de-chaussée, se lavent d'une seule & même teinte de noir, de rouge ou de jaune. Nous invitons a toujours laver les plans en rouge, c'est-à-dire, avec un composé de vermillon & de carmin très-fort.

Cette manière de laver les plans est infiniment plus brillante; elle conserve aussi la facilité de mettre les coups de force (47), ce qui donne l'ame & l'effet à un plan.

41. On doit observer ici qu'on ne met que très-rarement d'ombres portées dans un plan particulier de distribution, si ce n'est aux marches, piedestaux des figures, bassins & autres objets accessoires. On n'en doit jamais mettre aux murs.

42. La teinte des murs finie, on mettra une teinte de *bois*, sur tout ce qui est *charpente* & *menuiserie*, comme cloisons en bois, chantiers dans les caves, lisses dans les remises (23), mangeoires dans les écuries (22), siéges d'aisances (25), limons d'es-

calier, quand ils sont de bois (44); enfin sur toutes les cloisons de menuiserie, distributions d'alcove (14), d'armoire, bibliothèque, &c.

43. Sur tout ce qui est *eau*, comme bassins, cuviers (24), baignoires (15), auges, puits (9), réservoirs, canaux, &c., on met horizontalement de légers coups de pinceaux, à l'encre de la chine, pour en marquer les ondulations, en observant de les faire plus forts du côté de l'ombre. On y indique aussi une ombre portée, & l'on met ensuite, par-dessus & à plat, une légère teinte de bleu ou de verd d'eau.

44. Que le plan soit lavé en rouge, en jaune ou en noir, on met toujours sur les murs de terrasses, murs d'appui, sur les fourneaux (17), éviers (19), sur les limons des escaliers, quand ils sont en pierre (42), sur les rebords des bassins, puits, auges (9), sur les piedestaux, de figures & de candelabres (13), sur les poëles (10), &c., & généralement sur tout ce qui est accessoire, soit en marbre, soit en pierre ou en maçonnerie, une teinte de même couleur, mais extrêmement légère.

45. On met quelquefois aussi une teinte semblable sur les appuis des croisées (28).

46. Dans les cours, on met une légère teinte d'encre de la chine (9), ce qui sert à détacher en clair les distributions, dans lesquelles on ne met jamais aucune teinte.

47. Quand le plan sera entièrement lavé, supposant qu'il le soit en rouge (40), jaune ou noir-clair, on mettra les coups de force, c'est-à-dire, qu'avec une plume, deux ou trois fois plus grosse que celle qui a servi à tracer le plan, on repassera, avec de l'encre très-noire, sur toutes les lignes opposées à celles qui reçoivent le jour; ces lignes

CHAP. I. DE L'ARCHITECTURE CIVILE.

sont celles qui porteroient des ombres, si on en faisoit porter aux murs & aux autres objets de distribution. On mettra les coups de force, non-seulement aux murs, cloisons & marches, mais encore à tout ce qui est accessoire, comme piedestaux, tables, fontaines, fourneaux, baignoires, &c.

48. Il est d'usage d'entourer les Dessins d'architecture civile, d'un cadre ou d'une bordure, ainsi que le sont les Planches I, II, III, IV & V; ces bordures se forment d'abord d'un fort trait à l'encre; puis, au-delà, d'un autre trait beaucoup plus gros; & enfin, au-delà de ces deux traits, on colle à l'empois une large bande de papier bleu. C'est le goût & l'intelligence du Dessinateur, qui déterminent la proportion de cette bordure avec la grandeur du Dessin.

ARTICLE IV.
Du Plan des souterrains ou des caves, & du Plan des étages supérieurs.

PLAN DES CAVES. *Planche II.*

49. LE Plan des caves se trace & se lave de même que le Plan du rez-de-chaussée (7). On y exprime les voûtes par des lignes ponctuées, ainsi qu'elles sont indiquées *Pl. II, fig. 1*, & que nous allons les démontrer.

50. Les voûtes en berceau sont exprimées par un arc ponctué, dont la courbure indique celle de la voûte; *SAVOIR:*

51. Les berceaux plein ceintre, par un demi-cercle A.

52. Les berceaux surbaissés ou en anse de panier, par un arc en anse de panier B.

53. Les berceaux surmontés, par un arc surmonté C.

54. Les arcs doubleaux, par deux lignes parallèles qui traversent le berceau, & vont se terminer aux pieds droits D.

55. Les voûtes d'arête, par des diagonales qui se croisent E.

56. Les voûtes en arc de cloître, par des diagonales qui se croisent, & par d'autres lignes, sous les clefs, parallèles à la direction des murs F.

57. Les lunettes par une courbe G, qui indique la projection des voûtes l'une dans l'autre, au-dessus des portes, passages, &c.

58. Les soupiraux s'expriment par deux lignes, qui terminent la largeur de l'embrasure H.

59. Il arrive quelquefois qu'on indique, dans son Plan, le lieu où l'on doit placer les pièces de vin; on l'exprime par les chantiers I, qui sont deux grandes pièces de bois.

60. Les parties K qui ne sont point voûtées, ou qui ne sont pas caves; c'est-à-dire, où la terre n'a pas été enlevée, s'indiquent par une forte teinte d'encre, qu'on appelle *teinte de terrasse*.

PLANS des étages supérieurs.

61. On trace & on lave le Plan du premier étage de la même manière, & suivant les mêmes lois d'expression, que le Plan du rez-de-chaussée (7); avec cette différence que le Plan du premier étage est lavé d'une teinte plus claire que celui du rez-de-chaussée; que le Plan du deuxième étage est lavé d'une teinte encore plus claire que celui du premier, & ainsi de suite.

ARTICLE V.

DU PLAN DES COMBLES.

62. Le Plan des combles représente un bâtiment

CHAP. I. DE L'ARCHITECTURE CIVILE. 11

vu par-dessus, sans supposer qu'on en ait rien enlevé (6); de manière qu'on y voit les cours, les combles, les murs de clôture, les terrasses, les murs d'appui, les cheminées, &c. tel enfin qu'on le voit *Pl. II, fig. 2.*

63. On trace ce Plan de même que les autres; il demande plus de soin dans la manière de le laver.

64. Le dessin mis au trait, on tracera au crayon fin, les ombres portées (121), sur les combles, sur les terrasses. On déterminera la grandeur & la forme que les ombres des cheminées & des murs d'appui doivent avoir *.

65. On emplira ces espaces ainsi déterminés & toutes les parties des combles, opposées au jour, d'une demi-teinte d'encre.

66. Ensuite, sur les parties des combles déjà ombrées, avec une teinte un peu plus forte que celle qu'on vient de mettre (il faut attendre que la première soit parfaitement sèche), on repassera une seconde fois depuis le sommet des arêtes jusqu'environ à la moitié, puis on étendra cette seconde teinte jusqu'en bas. On repassera dans le même esprit sur les ombres portées des cheminées sur le toît.

67. Si cette seconde teinte ne faisoit pas assez d'effet, on en mettroit une troisième un peu plus forte que la seconde, qu'on feroit moitié moins large & qu'on adouciroit moitié moins loin.

---

* Nous n'enseignons pas ici la manière de tracer les ombres. Les connoissances élémentaires de cette Science nous entraîneroient trop loin ; notre but n'étant, dans cet Ouvrage, que d'enseigner l'expression de l'Architecture & la marche de la pratique du Dessin. Nous renvoyons ceux qui voudront les étudier, aux *Leçons élémentaires des ombres de l'Architecture*, que nous avons publiées en 1786 : Ouvrage où l'on trouvera tout ce qui est nécessaire pour l'intelligence de cette Science. Nous venons d'en terminer la deuxième édition, qui se vend, à Paris, chez BARROIS l'aîné, Libraire, rue de Savoie, numéro 23.

68. Les terrasses, les murs de clôture & les murs d'appui reçoivent ensuite des *ombres* & des *teintes plates*, plus ou moins fortes, proportionnément à leur éloignement.

69. Enfin, lorsque le Plan fera l'effet requis, c'est-à-dire, lorsque toutes les parties ombrées seront plus fortes vers les parties supérieures (parce que dans l'hypothèse de 62 & 6, elles sont plus près de l'œil), & iront en diminuant de ton vers le bas, & que les teintes plates feront l'effet contraire; on mettra sur les combles, dans les parties éclairées, une légère teinte d'encre sur la rive inférieure, & que l'on fondra jusqu'à la moitié vers le haut, de manière que le haut du comble, du côté du jour, reste tout-à-fait blanc; la couleur fera le reste.

70. Cela fait, on posera (73) sur ce qui est couverture, une teinte générale de couleur d'ardoise ou de tuile.

71. Sur les murs de clôture, sur les murs d'appui, sur le haut des cheminées, & par-dessus celle à l'encre déjà mise, on mettra une légère teinte de rouge.

72. Il est très-rare de mettre des teintes d'encre dans les cours (9) des Plans des combles, à moins que ce ne soit dans un Plan général.

ARTICLE VI.
DU PLAN DE JARDIN. *Planche III.*

73. Les Plans des jardins ne diffèrent en rien des autres Plans, dans la manière de les tracer au crayon, de les passer au trait, & même de les laver; car une fois que tout est au trait, il faut mettre l'effet avec l'encre de la chine, c'est-à-dire, faire les ombres portées, les ombres adoucies,

CHAP. I. DE L'ARCHITECTURE CIVILE.

les teintes plates, les ondulations des eaux (43), les plate-bandes des allées, &c. comme si on ne devoit y mettre aucunes couleurs; on teintera ensuite les murs (26 & 40).

74. On mettra sur les gazons A, une légère teinte de verd; puis, lorsqu'elle sera sèche, on la piccotera de petits points & de lignes au pinceau, avec du verd plus fort que celui de la teinte, ou avec de l'encre; mais le tout très-fin;

75. Sur les eaux (43), une teinte B de bleu clair ou de verd d'eau;

76. Sur les allées C, une couleur de sable;

77. Dans les pleins bois, du verd sur les arbres, & de la terre d'ombre, sur le terrain.

78. Les berceaux D sont représentés par des petits ronds qui indiquent les arbres, & de l'un à l'autre, de ces ronds, on mène des lignes diagonales qui se croisent. Cela se doit faire au pinceau, avec demi-teinte d'encre; ensuite on couvre d'une teinte plus forte les deux triangles opposés au jour (65); puis on forcera un peu cette teinte vers le milieu du berceau D; pour le côté du jour, consultez (69); & sur le tout on met une légère teinte de verd clair.

79. Les corbeilles & les plate-bandes de fleurs E se font en pointillant au pinceau, avec toutes les couleurs, par-dessus une légère teinte générale de jaune qui sert de fond;

80. Les planches & plate-bandes potagères F, en donnant, dans le sens de la largeur, des coups de pinceaux droits des diverses couleurs de légumes, & par-dessus chacune, une teinte très-claire & à plat, de la couleur des petits coups de pinceaux qu'on aura mis. Cette teinte générale est ordinairement verd clair.

81. Les murs d'appui G reçoivent une ligne teinte de rouge ou de jaune (40).

82. Les arbres isolés H & les arbrisseaux, se font en indiquant la forme de l'arbre, & une ligne pour la tige. On met un peu d'ombre à droite, & du verd, sur toute la pomme, un peu plus fort que sur le gazon.

83. On ne peut guère donner d'autres règles bien générales pour le Plan d'un jardin ; car, outre ce que nous venons de dire, il est une infinité de sinuosités dans le goût de cette espèce de Dessin; l'intelligence du Dessinateur est souvent la loi pour l'effet particulier & le piquant de chaque détail. Au reste, tout ce qui n'est pas expliqué ici se trouve au Vocabulaire. Voyez encore l'article Cartes.

Article VII.

Des Plans généraux. Planche IV.

84. Il n'est qu'une seule manière de sentir les Plans généraux, comme nous l'avons défini (1), l'assemblage complet d'un monument, mais il en est trois très-différentes de les exprimer, la *Pl. IV* présente les deux moyens les plus en usage; le premier, *fig. 1*, où les masses de bâtiment sont exprimées par une seule teinte unie de rouge ou de noir, s'appelle *Plan général en masse;* & le second, *fig. 2*, où les masses de bâtiment y sont représentées, vues par-dessus la couverture, s'appelle *Plan général en comble*.

85. La troisième manière d'exprimer les Plans généraux, est de représenter, dans le Plan général, chaque bâtiment détaillé avec toutes ses distributions, on l'appelle *Plan général détaillé.*

86. Il est encore des moyens mixtes de représenter les Plans généraux; par exemple, on fait une

partie en masse, une autre en comble, & celle-ci détaillée ; mais ces divers moyens étant des composés des trois caractères principaux que nous venons d'expliquer, il est inutile d'en parler davantage. On fait encore des Plans en perspective, en relief ; ceux-ci étant des amplifications des principes qui font la base du Dessin, nous nous dispenserons d'en parler dans un Ouvrage élémentaire.

Du Plan général en masse. Fig. 1, *Pl. IV.*

87. Nous supposons dans ce Plan, & dans le suivant, que, dans une grande place E, où aboutissent plusieurs rues, il y a un corps-de-garde A avec des petits bâtimens dépendans à droite & à gauche, l'un B, le bûcher & l'autre C, la chambre de l'Officier.

88. Le bâtiment principal A, ceux B & C qui font partie du bâtiment principal, & les bâtimens D environnans, seront représentés en masse, & couverts d'une seule teinte plate de rouge ou de noir.

89. On observera sur-tout de ménager des reflets (114).

90. Le bâtiment principal A, sera plus fort en couleur que tous les autres ; ceux B & C, qui font partie du bâtiment principal, seront un peu moins forts ; & ceux D environnans, seront plus clairs que ceux B & C, mais assez foibles pour que la différence du bâtiment A avec ceux B & C, soit beaucoup moindre que celle de ces derniers avec les bâtimens environnans. Il faut qu'au premier coup-d'œil, on voie, dans un Plan général, ce qui est principal & ce qui est accessoire. On indique ces différences, comme nous venons de le

dire, en faisant les bâtimens accessoires plus foibles que ceux de l'édifice qu'on représente.

91. On indique les cours, par une légère teinte d'encre.

92. Les jardins s'y expriment un peu plus en détail. On y fait les pièces d'eau, les berceaux, les plate-bandes de fleurs & de légumes, les bois, &c. (Voyez article 6). Les allées sablées des jardins y reçoivent une couleur de sable.

93. Sur le sol de la place E & dans les rues F, on met une teinte d'encre plus forte que celle des cours; mais bien moins forte que celle des bâtimens accessoires D.

94. Sur le stylobate G, on en met une plus claire que celle de la place & que celles des cours; de manière que tous les bâtimens de l'édifice qu'on représente soient plus forts que ceux accessoires, & que les cours, jardins, & tout ce qui est teinte plate, soit plus clair que le sol de la place & des rues.

95. En ajoutant au Plan général, des ombres portées au stylobate & aux diverses masses de bâtimens & en y mettant des coups de force, on parviendra à donner un très-bel effet à son dessin.

Du Plan général en comble.

96. La seule différence, entre ce Plan & le précédent, consiste en ce que les masses des bâtimens y sont représentées en comble; & que dans l'autre, elles sont représentées par une seule teinte forte.

97. Pour le plan des combles, consultez (62), & pour le reste, ce que nous venons de dire du Plan en masse.

Du Plan général détaillé.

98. Quant à cette troisième manière de représenter

senter un Plan général; consultez, pour les détails l'article troisième, & pour le surplus (7 & suivans).

ARTICLE VIII.

DES FAÇADES ou ÉLÉVATIONS DES MONUMENS.

99. Les élévations représentent les faces verticales des monumens. Dans cette manière de représenter les édifices, il faut suivre avec rigueur les lois & les règles de la nature; le seul moyen de faire l'effet dans les façades, est de se conformer à ce qu'elle nous prescrit.

100. Nous recommandons d'abord de coller son papier sur la table ou sur la planche; car c'est la seule manière de dessiner proprement. *On ne pourroit* s'en dispenser que dans le cas où l'on n'auroit pas de table assez grande pour son Dessin; je dis, *on ne pourroit*, car il nous est souvent arrivé de faire notre Dessin en deux & même trois parties collées séparément, & que nous avons réunis après les avoir lavées ainsi séparément.

101. Nous invitons sur-tout le Lecteur à nous suivre pas à pas, & à ne s'écarter en rien des préceptes que nous allons lui donner; ce n'est qu'en les suivant avec la plus scrupuleuse exactitude qu'il pourra parvenir à dessiner l'architecture civile avec vérité, à savoir en faire le parallèle avec l'architecture militaire, & à trouver exactement la différence entre elles.

102. Plus on mettra de soin dans le trait au crayon, plus on aura de facilité à mettre au trait à l'encre, &c.; soit qu'on mette au crayon, soit qu'on mette à l'encre, il faut toujours commencer par les cercles (37).

103. Dans les élévations, dans les coupes & dans les Plans de détails; comme Plans d'entable-

mens, de chapiteaux, &c., on ne doit point faire toutes les lignes à l'encre, d'une seule & même grosseur, comme on le pratique dans les Plans de distribution (35). Pour donner plus de sentiment & d'esprit au dessin, il est essentiel de forcer les lignes opposées au jour, *à celles* seulement *qui doivent porter des ombres*, & qui, par conséquent, forment la ligne de démarcation de l'ombre avec le clair. On aura soin que ces lignes ne soient pas trop forcées, & qu'elles ne ressemblent en rien à celles dont nous avons parlé (35). Il suffit d'une légère différence.

104. Il s'ensuit que l'on doit bien se garder de mettre le moindre coup de force sur les lignes qui se peignent sur le ciel, bien qu'elles soient opposées au jour dans le clair ou dans l'ombre; cela produit un effet dur, faux & mauvais.

105. Nous en tirons ces deux principes essentiels : *jamais de coup de force sur les lignes qui se peignent sur le ciel : jamais de coup de force dans l'ombre.*

106. Un corps courbe ne doit jamais recevoir de coup de force, parce qu'il doit toujours être refleté sur les parties opposées au jour; delà, cet autre principe, qu'*il ne faut jamais donner de coup de force aux corps courbes*, comme colonnes, moulures, sphères, &c.

107. Quand la façade sera entièrement au trait, c'est-à-dire, quand tous les cercles & les lignes seront tracés à l'encre, on passera une mie de pain.

108. On mettra sur tout ce qui est pierre ou maçonnerie, sans épargner les corniches, les chambranles des portes, les bandeaux des croisées, une legère teinte générale & à plat de couleur de pierre.

109. Cette teinte de pierre doit être plus foible, lorsque la façade est faite sur une échelle très-petite;

CHAP. I. DE L'ARCHITECTURE CIVILE.

parce que l'effet des détails deviendroit impossible, si la teinte étoit forte.

110. Cette teinte de pierre sert à trois choses essentielles ; 1.° elle donne au bâtiment, le ton qui lui convient ; 2.° elle en détache les plus grands clairs, du blanc du papier ; 3.° elle prépare le papier à recevoir les autres teintes.

111. D'ailleurs, en mettant cette teinte, on s'appercevra si le papier boit, & s'il se fait quelques taches occasionnées par sa mauvaise qualité, alors on passera une teinte d'eau d'alun.

112. On doit avertir ici de ne jamais mettre une teinte sur une autre, avant qu'elle ne soit parfaitement sèche ; sans cette précaution, elles se confondront, se détruiront l'une l'autre, & ne feront qu'un effet sale & dégoûtant.

113. Après cette préparation de couleur de pierre, on fera les *teintes plates* à l'effet ; c'est-à-dire, les plus en avant très-claires, les plus éloignées foncées, & celles intermédiaires d'un ton moyen, comme on le voit, *Pl. V, fig. 1*. Les teintes en avant A, sont très-claires ; celles B, les plus éloignées, sont bien plus fortes ; & celles C intermédiaires, d'un ton moyen.

114. On observera, en mettant les teintes plates, de ménager un petit reflet du côté du jour ; c'est-à-dire, un petit blanc D, en n'approchant pas tout-à-fait jusqu'aux lignes qui reçoivent le jour.

115. On fera pour les ombres, l'effet contraire à celui des teintes plates ; celles en avant E seront fortes, celles intermédiaires F plus douces, & celles éloignées G plus douces encore.

116. C'est d'après les principes de la perspective aërienne que l'on fait, dans les élévations & dans les coupes, les teintes plates en avant foibles, & les

ombres fortes ; les teintes plates dans les fonds fortes & les ombres foibles (64 & la note).

117. Quoique nous ne traitions pas ici la théorie des formes & des effets des ombres, nous dirons cependant que, dans l'architecture civile, on suppose toujours les monumens éclairés de gauche à droite, suivant la ligne de 45 degrés. Il s'ensuit que toutes les ombres des corps en avant se tracent sur les corps en arrière, suivant une ligne de 45 degrés de gauche à droite ; telles sont les ombres HI, *Pl. V, fig.* 2, causées par les corps en avant sur les corps en arrière.

118. Les ombres, soit de haut en bas, soit de droite à gauche, ont toujours de largeur, la saillie du corps qui les causent. Nous ajoutons encore, comme préceptes essentiels, que :

119. Dans les Plans de détails, comme Plan de chapiteaux, d'entablemens, &c., *les moulures sont refletées sur les parties qui approchent le plus de la position verticale.*

120. Que, *dans les élévations, elles sont refletées sur les parties qui approchent le plus de la position horizontale.*

121. *Que les parties éclairées par le soleil doivent porter des ombres sur d'autres parties aussi éclairées par le soleil.*

122. *Enfin que les objets dans l'ombre ne doivent jamais porter d'ombre ;* pour le reste, voyez (64 & la note).

123. Après avoir mis les teintes plates, on tracera les formes des ombres, & on graduera les tons d'après les principes généraux que nous venons d'établir ; & comme elles sont tracées & graduées, *Pl. V* (114 & suiv.).

124. On mettra la première teinte d'ombre,

généralement par-tout, du même ton, en observant que c'est le ton le plus clair dans les ombres qui en indique la force; on emplira toutes les baies des portes & des fenêtres.

125. Cette première teinte mise & bien sèche, on effacera le crayon des ombres portées, puis on forcera les ombres, les fenêtres & les portes en avant, un peu moins celles mitoyennes, & moins encore celles plus éloignées (119 & suivant).

126. En forçant les ombres, on aura grand soin de ne pas approcher, les extrêmités où elles se tranchent, sur le mur, autrement elles deviennent dures.

127. Si, après avoir mis & forcé toutes les ombres, on croyoit en appercevoir quelques-unes, ou quelques teintes plates trop foibles, on pourroit les forcer par une seconde & troisième teinte; mais il faut tâcher de les faire les unes & les autres, en moins de teintes possibles; car un dessin n'est *frais*, *suave* & d'un effet *brillant*, qu'en raison du petit nombre de teintes, dont il est le produit.

128. Cependant il y a dans les ombres, ce qu'on appelle des *touches;* & dans les teintes plates, des *oppositions*.

129. Les *touches* se mettent dans les endroits privés de lumière, comme dans le fond des modillons, dans les fonds d'ornemens & dans les baies des portes & des croisées, vers la partie opposée au jour; c'est-à-dire, en les forçant vivement vers la gauche, comme le sont les portes & les croisées, *Pl. V.*

130. Les *oppositions* se mettent sur les teintes plates des arrière-corps, sur les parties qui avoisinent les avant-corps, *fig.* 1., *Pl. V.*

131. Sur les combles, mettez une demi-teinte,

depuis le haut jusqu'à moitié, & fondez-là jusqu'en bas ; du reste, voyez l'article cinquième.

132. Quand vous aurez entièrement fini l'effet à l'encre de la chine, vous mettrez les couleurs accessoires ; par exemple, sur les combles, une teinte d'ardoise ou de tuile ; sur les cheminées, une teinte de brique ; sur les figures de bronze, une teinte de bronze ; mais en observant que, dans l'architecture civile, les couleurs doivent être mises foibles & à plat.

133. Ce ne sont point les couleurs qui font le mérite d'un dessin d'architecture civile, c'est uniquement l'effet à l'encre de la chine. Cet effet dépend de l'harmonie & de l'accord qui règne entre les différens tons du dessin ; l'intelligence seule du Dessinateur dirige cet accord & crée cette harmonie. Les couleurs fortes, au contraire, ne serviroient qu'à faire papilloter une façade ou une coupe, & n'en feroient, si l'on peut s'exprimer ainsi, qu'un habit d'arlequin.

134. Au bas du dessin, depuis la ligne de terre jusqu'à celle du cadre (48), on met une teinte légère de rouge, en laissant un réflet (114) à la ligne de terre. Cette teinte, en indiquant que la terre est coupée, détruit un grand blanc qui gêneroit l'effet, & interromproit l'harmonie du dessin ; ensuite on fera la bordure, comme nous l'avons indiqué (48).

135. Nous ne dirons rien ici de la manière de dessiner le paysage ou les points de vue en perspective, comme file de maisons, avenues d'arbres, montagnes, &c. Cela tient à l'étude du Peintre de paysage, & par conséquent n'est point du ressort de cet Ouvrage.

ARTICLE IX.

DES COUPES DES MONUMENS.

136. Les coupes représentent les monumens divisés par des sections d'à-plomb, & les deux parties séparées l'une de l'autre. On suppose, dans cette espèce de dessin, qu'on a sous les yeux la partie coupée du bâtiment, de manière que l'on en voit tout l'intérieur, l'épaisseur des murs, les profils, &c. La *fig. 2, Pl. V*, est la coupe sur la ligne des Plans abbc, *Pl. I, & fig. 2, Pl. II*.

137. Tout ce que nous avons à dire pour l'effet général des coupes, & pour la manière d'y parvenir, est précisément ce que nous venons de dire pour les façades, nous y renvoyons donc en ajoutant :

138. Que l'intérieur des pièces est ordinairement rempli d'ombre, ainsi qu'on le voit *Pl. V, fig. 2*. Souvent on y fait des ombres portées (122); dans les deux cas, de tout ce qui est dans l'ombre, on détache en clair ce qui est en avant (*fig. 2, Pl. V*), comme le manteau de la cheminée de la cuisine, le chambranle des portes, celui des autres cheminées, &c. Cela paroît au premier coup-d'œil contradictoire avec ce que nous avons dit (118) ; mais en observant qu'ici il est question d'objets de détail *compris dans une masse d'ombre*, ou bien d'objets *dans des parties privées de lumière*, & que n.° 115, il est question de masse de bâtimens & d'ombre portées sur des murs éclairés, avec un peu d'attention, on saura faire la différence des deux cas.

139. Les trous, comme portes, contre-cœur de cheminées, les divisions dans la charpente, qui ne

sont ni chambre ni grenier, se teignent de noir fort (129).

140. Quand l'effet sera fait à l'encre de la chine (133), on mettra les couleurs accessoires sur les bois, les eaux, les combles, &c.

141. Dans les coupes, les pièces de charpente coupées en travers sont indiquées par des diagonales d'angle en angle, comme le sont les solives A, *fig.* 2, *Pl. V*; ainsi que les eaux, elles conservent toujours leurs couleurs naturelles (42, 43). Il n'en est pas de même de la maçonnerie.

142. Tout ce qui est marbre, pierre ou maçonnerie coupée, reste en blanc jusqu'à ce que le dessin soit entièrement fini à l'encre de la chine; on n'y passe pas même la teinte préparatoire de pierre (110); on couvre alors d'une légère teinte de rouge, toutes ces parties de pierre ou de maçonnerie coupées, laissées blanches, en ayant soin de laisser un petit réflet (114) le long de toutes les lignes qui reçoivent le jour. Ensuite on fait la bordure, comme nous l'avons enseigné (48), & comme on le voit, *Pl. V.*

CHAPITRE II.

DE L'ARCHITECTURE MILITAIRE.

Démonstrations des moyens d'expression des Règles de convenances & des lois naturelles à connoître & à observer dans le Dessin des Plans, coupes & profils des ouvrages de Fortification ; dans les accessoires de paysage qui les environnent ; dans les Cartes géographiques & topographiques, ainsi que dans le campement des armées, dans le siége d'une place, &c.

ARTICLE PREMIER.

DES ÉCHELLES. *Planches VI & VII.*

143. Dans l'architecture militaire, la grandeur des échelles est la base des moyens d'expression qu'on emploie pour les objets qu'on représente ; c'est-à-dire, suivant que les échelles des Plans, des Cartes, &c. que l'on observe, ou que l'on veut établir, sont plus ou moins petites par rapport à la mesure réelle, on supprime divers détails dans la représentation de l'objet que l'on exprime.

144. D'après cette considération, nous croyons devoir commencer par les échelles. Nous expliquerons d'abord les échelles duodécimales, dont on a fait usage jusqu'à l'établissement des mesures métriques, & cela, pour l'intelligence des Plans anciens françois & étrangers, où les mesures duodécimales sont consacrées. Ces échelles sont toutes placées, suivant leur rang, sur la *Pl. VI.*

145. Le Plan général d'une place s'établissoit sur

l'échelle n.º 2, *Pl. VI*, *d'un pouce pour cent toises*; cette échelle est suffisamment grande, quand les bastions sont *royaux* (*); c'est-à-dire, que leurs faces ont au moins quarante toises. Mais lorsque la fortification est suivant les anciens systêmes, comme Montmédi, Arde & autres, ou que la place est composée de rédans & de tours qui forment presque toujours de petites parties, ce qui arrive ordinairement aux places situées sur des hauteurs, comme le Château de Bouillon, celui de Traerback, la Citadelle de Besançon & autres; dans ce cas les échelles étoient au moins *d'un pouce & demi pour cent toises*. Dans les dessins, sur cette échelle, il est inutile d'y marquer les taluts des revêtemens, ils y seroient trop petits & n'y feroient que confusion; mais lorsque ces revêtemens ne sont que de gazon, on peut les y tracer, parce qu'alors ils sont assez sensibles.

146. Pour la Carte particulière d'une place, ainsi que pour celle des camps, retranchemens, lignes de circonvallation, de contrevallation & des batailles, l'échelle étoit celle du n. 1, *Pl. VI*, *d'un pouce pour quatre cents toises*.

147. Pour le Plan en grand d'une place, où l'on veut que les taluts, les rampes soient distinctement exprimés, l'échelle n.º 4, *Pl. VI*, est celle qui lui convient. *Une ligne pour une toise*, ou bien celle du n.º 3, *une ligne pour trois toises*. Les Plans faits sur cette échelle, sont nommés *Plans directeurs*, parce que c'est sur cette échelle, que l'on étudie les projets avec plus de clarté & de facilité.

148. Pour le Plan d'ouvrages entiers ou généraux, comme d'une demi-lune, d'un bastion, & même

---

(*) Nous rapportons ici les termes anciens, pour l'intelligence des Dessins & des Livres anciens, où ils sont employés.

CHAP. II. DE L'ARCHITECTURE MILITAIRE. 27

d'un front de fortification, où les fondations sont marquées, on s'est servi de l'échelle n.° 5, *Pl. VI, deux lignes pour une toise;* ou mieux encore, celle n.° 6, *quatre lignes pour une toise.*

149. Ces échelles conviennent encore pour les Plans en reliefs & modèles.

150. Pour les Plans particuliers des ouvrages & des bâtimens, comme pont, écluses, casernes, corps-de-garde & autres semblables, pour les coupes, profils, façades, &c.; l'échelle n.° 7, *Pl. VI, six lignes pour une toise.*

151. Pour les parties de détail, comme d'une travée de pont, de jettée, de comble de bâtimens, d'une bascule de pont-levis, d'une barrière, de portes d'écluse & autres parties, l'échelle n.° 8, *Pl. VI, trois lignes pour un pied.*

152. Pour les détails de menuiserie, tables, bancs, rateliers pour les armes, guérites, portes, croisées, l'échelle n.° 9, *Pl. VI, six lignes pour un pied;* ou au plus celle n.° 10, *un pouce pour un pied.*

153. Ces échelles, n.°ˢ 9 & 10, conviennent encore pour les détails de charpente, comme tenons, mortaises, renforts, embrevemens, &c.

154. Elles conviennent encore pour les machines.

155. Les détails de grosses ferrures, pentures de portes, de barrières, tourrillons, &c., ceux des ouvrages en cuivre ou en fonte, comme crapaudines de portes d'écluses & autres, se font sur l'échelle n.° 11, *Pl. VI, deux pouces pour un pied;*

156. Les détails de serrurerie, comme serrures, targettes, verroux, &c. sur l'échelle n.° 12, *Pl. VI, quatre pouces pour un pied;*

157. La Carte particulière d'une Élection, d'un

Canton, sur l'échelle n.° 13, *un pouce pour une lieue commune de France, deux mille deux cent cinquante toises ;*

158. La Carte d'une Province ou d'un Département, sur l'échelle n.° 14, *un pouce pour trois lieues ;*

159. Les Cartes des États, comme Républiques, Royaumes, sur l'échelle n.° 15, *un pouce pour quinze lieues.*

160. Après avoir détaillé l'usage des échelles duodécimales de Buchotte, nous passons aux échelles métriques, dont on fait usage aujourd'hui. Le système décimal présente l'avantage que, sur une même échelle, les dénominations & les valeurs peuvent changer, mais que la proportion reste toujours la même. On peut voir, par la *Pl. VII*, qu'avec cette propriété, six échelles seulement peuvent en offrir au moins vingt-quatre, en mettant, comme nous l'avons fait au-dessus & au-dessous des divisions, des chiffres qui indiquent des valeurs différentes. Avec un peu d'attention, on verra que les échelles vont en grandissant à mesure qu'elles descendent; c'est-à-dire, que les échelles 1, 7, 13 & 19 du n.° 1, *Pl. VII*, sont les plus petites, & que celles 6, 12, 18 & 24 du n.° 6, sont les plus grandes. On verra encore que les divisions inférieures de chacune d'elles, sont plus grandes que les supérieures; c'est-à-dire, qu'elles indiquent de plus grandes dimensions.

161. Il suit delà que les divisions supérieures 1,7 ; 2,8 ; 3,9 ; 4,10 ; 5,11 & 6,12 ; serviront pour les Plans généraux, les Cartes, &c. ; & que celles inférieures 13,19 ; 14,20 ; 15,21 ; 16,22 ; 17,23 & 18,24 ; devront servir pour les Plans particuliers & les détails.

CHAP. II. DE L'ARCHITECTURE MILITAIRE. 29

Observations générales sur les Échelles.

162. On ne doit jamais faire aucun dessin sur des échelles faites au hazard, elles doivent toujours être en rapport au pied-de-roi ou au mètre, pour une infinité de raisons que la pratique a fait connoître. On pourra suivre exactement celles que nous venons de prescrire, elles sont proportionnées aux détails de chaque espèce d'ouvrages auxquelles nous les avons destinées.

163. On doit toujours observer dans la construction des échelles, de mettre les divisions secondaires, c'est-à-dire, celles de détail, avant le commencement de l'échelle, sans les y comprendre & de ne commencer à compter les entières qu'après les parties de subdivisions.

164. Les échelles seront dessinées le plus simplement possible, sans charger les divisions ni les extrémités d'ornemens bizarres & de mauvais goût, comme on l'a souvent & long-temps pratiqué. On peut voir au reste les échelles des *Pl. VI & VII.*

165. Il est parfaitement utile & commode d'avoir toutes les échelles, dont on peut avoir besoin, sur des lames très-minces de cuivre, ou de corne; par exemple, six lames de cuivre pour les six échelles de la *Pl. VII*; ou trois, où il y en auroit deux de tracés dessus, de manière que les points des divisions fussent percés à jour d'un trou à ne passer que la pointe d'une aiguille, afin de pouvoir faire sur le champ l'échelle dont on a besoin, en piquant simplement par les trous, & par-là n'être pas obligé de construire & de diviser, chaque fois qu'on en a besoin, ses échelles avec le compas. Outre que cette pratique est expéditive, elle est encore très-juste, & comporte avec elle la certitude

qu'il n'y a pas la moindre différence entre les mêmes échelles qui seroient sur différens dessins.

M. Buchotte dit à cette occasion, en parlant de ses échelles, *Pl. VI.* « J'ai fait exécuter cette
» idée sur une lame de cuivre assez mince, dont je
» me sers très-utilement. On doit s'adresser, pour
» les avoir bien faites, aux Fabricateurs d'Instru-
» mens de Mathématiques. J'ai encore exécuté
» l'idée en question sur du vélin, & elle m'a par-
» faitement réussi. »

166. Nous sommes portés à donner le même conseil pour les échelles décimales de la *Pl. VII.*

Article II.

Manière de tracer au trait les diverses parties du Plan d'une place, dont l'échelle est d'une demi-ligne pour une toise, comme les Figures 3 & 4 de la Planche VIII. *

167. Les principes de l'Architecture militaire, c'est-à-dire, les règles du tracé des ouvrages de fortifications n'étant pas du ressort de ce traité (**); nous nous dispensons de parler ici des diverses méthodes; nous passons en conséquence du dessin tracé au crayon qu'elles enseignent, à la manière de mettre son dessin au trait.

168. 1.° Il faut tirer la ligne magistrale ou capitale A (Voyez la *fig.* 2, & portez les yeux sur la *fig.* 4) principal trait de toutes les parties d'un

---

(*) Nous observons que les fig. 1 & 2 de la Pl. VIII, sur lesquelles sont les lettres de renvois qui vont nous occuper, ne sont ici que pour l'intelligence des objets de détail, & qu'il est nécessaire de porter les yeux en même-temps sur la fig. 2 & sur la fig. 4.

(**) Nous recommandons à nos Lecteurs le Traité de Fortification, par C. Noizet de Saint-Paul, en 2 vol. in-octavo. C'est le plus complet que nous connoissions.

CHAP. II. DE L'ARCHITECTURE MILITAIRE. 31

Plan. Cette ligne capitale ou *ligne du cordon*, se fait d'un gros trait à l'encre bien noire.

169. Nous observons qu'on doit avoir grand soin de commencer par mettre cette ligne au trait, ainsi que toutes celles dont nous allons parler, avec une plume très-fine & de l'encre très-pâle. Ce n'est que lorsque le Plan est entièrement lavé, qu'on repasse ces lignes en diverses couleurs & grosseurs; autrement le lavis étaleroit toutes les lignes grosses, noires, rouges ou jaunes, qu'il est nécessaire de faire : la suite nous en instruira.

170. 2.° Posez ensuite la règle ou l'équerre parallèlement à cette ligne du cordon, & tirez la ligne B qui fait avec la ligne A l'épaisseur du parapet. Cette ligne B, qui doit être moins grosse que celle A du cordon, se nomme *ligne du parapet*.

171. Suivant les anciennes méthodes, la ligne B du parapet, celle H du talut du revêtement & celle K de la contrescarpe, ainsi que celle I de son talut, se faisoient rouge; mais on ne suit plus guère aujourd'hui en France la manie de faire ces diverses lignes de différentes couleurs. Nous avons cru cependant qu'il étoit essentiel de rapporter ici cet ancien usage, afin que l'on soit à même de bien entendre toutes les diverses espèces de dessins anciens & nouveaux, françois & étrangers.

172. 3.° Le talut intérieur C du parapet n'étant pas sensible dans les Plans sur cette échelle (*fig. 4*); on se dispensera de la marquer, ainsi qu'on l'a fait, à la *fig. 4*, *Pl. VIII*. Le talut extérieur QR n'est pas sensible sur cette échelle, ainsi on ne le trace pas.

173. 4.° Tout auprès de la ligne B du parapet, tirez une ligne D très-fine qui exprimera tout-à-la-fois, & la banquette D & son talut E, parce que son talut n'est pas sensible sur cette échelle.

174. 5.° Tirez la ligne F qui détermine, avec la dernière ligne E, la largeur du rempart.

175. 6.° Parallèlement à cette ligne F du rempart, &, à environ quinze pieds d'elle, tirez la ligne G qui terminera le pied du talut du rempart.

176. 7.° S'il y a des rampes de communication du sol de la place sur le rempart, on les tracera, comme en X, *fig. 4*, avec des lignes très-fines.

177. 8.° La ligne K de la contrescarpe étant faite, on fera celle I de son talut & celle H du talut de l'escarpe ou revêtement; ces deux lignes doivent être extrêmement fines.

178. 9.° La ligne O de la crête du glacis se fera à l'encre de la chine, moins grosse que la ligne A du cordon, mais la ligne N du talut intérieur du glacis, celle M de la banquette du chemin couvert, celle L du talut de la banquette, seront exprimées dans les Plans, suivant l'échelle de la *fig. 4*, par une seule ligne fine Q qui les représentera toutes trois, & plus particulièrement celle M de la banquette. Nous parlerons ailleurs des palissades qui bordent ici le talut du glacis.

179. 10.° La ligne P de l'extrêmité du glacis sera faite très-fine, & restera à l'encre très-pâle.

180. Pour l'intelligence de la proportion des lignes qui composent le Plan d'un front, nous allons les récapituler. Nous supposerons, par exemple, que la ligne P de l'extrêmité du glacis, qui doit être très-fine & à l'encre pâle, soit 1, les lignes N L I H R C E G des pieds des taluts seront 2, celles F D Q M des têtes des taluts seront 3, celle B tête du talut de parapet, celle K tête de la contrescarpe & celle O tête du glacis seront 5; & enfin celle A du cordon, ligne magistrale de toute la fortifica-

tion,

CHAP. II. DE L'ARCHITECTURE MILITAIRE. 33

tion, sera 10; toutes seront à l'encre noire, excepté celle P, comme nous venons de le dire.

181. Tout ce que nous venons de dire pour le front du corps de la place, suffit pour l'intelligence du trait des autres ouvrages détachés, comme demi-lune, contrescarpe, &c. Car après avoir tracé toutes les lignes que nous venons de détailler, il ne restera plus que les lignes Y du terre-plein de ces ouvrages, qui sont celles du revêtement de leurs gorges; on les fera de la grosseur de celle de la contrescarpe 1.

182. Nous rappellerons ici que les parties circulaires des contrescarpes aux angles flanqués des ouvrages, doivent être faites avant les lignes droites, par la raison que nous en avons donnée au n.° 37.

183. Ce seroit ici le lieu de parler des lignes ponctuées, mais comme il faudroit le répéter à l'article suivant, nous y renvoyons le Lecteur. (191, 192, 193).

ARTICLE III.

DU LAVIS DU PLAN D'UNE PLACE.

Observations préliminaires.

184. LES règles du lavis de l'architecture militaire sont essentiellement différentes de celles de l'architecture civile. Voici les bases principales sur lesquelles elles sont fondées :

185. On est généralement convenu, & cette convention est devenue une règle généralement établie, que chaque nature d'ouvrage doit être lavée de la couleur qui lui est assignée d'après cette convention.

186. Dans les plans & dans les profils, les

C

ouvrages de maçonnerie qui subsistent, sont tracés au trait, lavés en rouge, & les terres, en noir. Mais lorsque ces deux natures d'ouvrages sont des projets, elles se lavent en jaune.

187. La différence du trait plein ou ponctué, rouge ou noir, distingue chacun des ouvrages, comme nous allons l'expliquer.

188. Tout ouvrage au trait lavé en rouge est de maçonnerie, & subsiste.

189. Tout ouvrage au trait & lavé en jaune est un projet non exécuté, mais arrêté.

190. Lorsqu'un ouvrage est ponctué en noir & lavé en jaune, le projet n'est que proposé.

191. Les lignes ponctuées en rouge indiquent des ouvrages de maçonnerie qui ont été détruits.

192. Les lignes ponctuées en noir marquent des ouvrages en terre qui ont été détruits.

193. Les lignes ponctuées en rouge marquent aussi des ouvrages souterrains en maçonnerie ; celles qui sont ponctuées en noir marquent les mêmes souterrains qui sont au-dessous du rez-de-chaussée, ainsi que les arêtes des voûtes qui les couvrent.

MARCHE A SUIVRE DANS LE LAVIS.

194. On suppose toujours que le jour vient de l'angle supérieur de gauche du Plan, & que les ombres se projettent vers l'angle inférieur de droite : ainsi, dans un Plan, toutes les faces des glacis, les bords des fossés, les rives des îles de maison, qui font à-peu-près face à ce point d'où vient le jour, doivent être claires, & celles au contraire qui lui sont à-peu-près opposées, doivent être ombrées. C'est en suivant ce principe que les faces aa du rempart & du glacis, & les faces bb du

CHAP. II. DE L'ARCHITECTURE MILITAIRE. 39
fossé sont claires, & qu'au contraire les faces *cc* du rempart & du glacis, ainsi que les bords *dd* du fossé, sont ombrées. Voyez *fig. 4*, *Pl. VIII*.

195. La marche la plus convenable est de commencer par les teintes les plus foibles & les plus grandes : telles sont celles des îles de maison, celles des faces des glacis, des fossés, des remparts, les couvertures des bâtimens, &c. on les couvre d'abord en entier de la teinte qui leur convient; puis après on les force sur les bords en adoucissant, & en observant de le faire plus fort du côté de l'ombre que du côté du clair : comme on le voit *Pl. IX*. Toutes les autres parties seront détaillées dans les articles V & VI.

196. Les plans des revêtemens, *figures 1 & 2*, *Pl. VIII*, sont censés pris à la hauteur du cordon, pour en faire voir l'épaisseur *ab* du sommet, à laquelle ayant ajouté les taluts extérieurs A H du Plan, on connoît celle de leur base; c'est-à-dire, l'épaisseur *bh* sur la retraite. Si au-dessus de ces revêtemens il n'y a aucun mur d'élevé, ils seront lavés d'une teinte forte d'encre en adoucissant du côté du fossé.

197. Si le dessus du revêtement est élevé en maçonnerie, & que sur cette élévation l'on ait percé de creneaux pour faire le coup de fusil, le Plan sera censé pris à la hauteur de ces creneaux, comme en mm, *Pl IX*, au cavalier du bastion 4; les parties *oo*, censées coupées, seront lavées d'une teinte entière de carmin.

198. Si le sommet du revêtement est plus épais que le mur crénelé, l'excédant du revêtement sera lavé d'une teinte claire aussi de carmin.

199. Mais si le mur élevé dessus le revêtement n'est qu'à hauteur d'appui, il faudra cependant

C 2

l'imaginer coupé, afin qu'étant lavé d'une teinte entière on puisse le distinguer de l'excédant du gros revêtement, qui, comme nous venons de le dire, ne doit être couvert que d'une teinte claire.

200. Si enfin le mur élevé sur le revêtement n'est point crénelé, & qu'il ne serve qu'à soutenir la terrasse, que l'on nomme parapet dans la fortification moderne, il sera lavé d'une teinte claire de carmin, & le dessus du parapet, d'une teinte d'un verd brun. Mais comme le dessus du parapet est ordinairement en pente pour plonger le coup de fusil, on indiquera cette plongée en tenant la teinte plus forte au sommet, & en la diminuant insensiblement vers le bas de cette plongée : car dans un Plan, de quelque nature que soient les ouvrages, ils sont toujours lavés d'une teinte plus forte, en raison de ce qu'ils sont élevés ; ainsi les taluts, les glacis & les parapets seront plus forts à leur sommet qu'à leur pied. On fera la même chose pour le talut des banquettes, du parapet, du rempart & du chemin couvert, &c. Voyez le Plan en grand, *fig.* 2, *Pl. VIII.*

201. Dans les plans des fondations des ouvrages de fortification, le terrain qui se trouve coupé, doit être lavé d'une teinte claire de couleur de terre rougeâtre, comme les fossés secs, en épargnant les vides des souterrains, dans lesquels il ne faut rien laver.

202. Pour le lavis des rivières, des fossés pleins & des secs, des glacis, ainsi que des ponts, & de tous les autres objets qui font partie d'un Plan général, nous en donnerons l'explication à l'article VI, où chacun des objets y est détaillé par ordre alphabétique.

ARTICLE IV.

Des Coupes ou Profils, des Élévations ou Façades.

Des Coupes ou Profils.

203. Dans toutes sortes de nature d'ouvrage, ce qui est coupé ou censé rompu doit être couvert dans toute son étendue d'une teinte légère & égale de la couleur qui convient à la nature de l'ouvrage, ainsi que nous l'avons dit (141). Nous remarquons qu'il convient que cette teinte générale soit mise la première, pour ne pas étaler ou gâter ce qu'on auroit fait avant.

204. Dans les profils de fortifications, si l'ouvrage subsiste, la maçonnerie coupée, comme le revêtement R, *fig. 1, Pl. VIII*, sera lavée d'une teinte entière de carmin, & celle qui n'est pas coupée, comme le contre-fort S, doit être d'une teinte plus claire de la même couleur ; mais ce qui est terre, comme le rempart, le parapet, les banquettes & le glacis C, ne doit être lavé que sur les bords du profil d'une demi-teinte d'encre de la chine, que l'on doit adoucir vers le dedans. Si ce n'est qu'un projet, le tout sera lavé en jaune, en observant les mêmes dégradations de teinte.

205. Il en sera de même pour les casernes, corps-de-gardes, arsenaux & autres bâtimens (voyez article VII); mais dans tous les cas, le ton de ces divers ouvrages sera toujours en noir.

206. Les fossés pleins d'eau U, *fig. 1, Pl. VIII*, les rivières ou les canaux en coupe, se lavent d'une teinte claire de couleur d'eau, laquelle est forcée par le haut, en adoucissant par le bas ; & la coupe des terres des bords des fossés, rivières ou canaux, se lavent d'une demi-teinte d'encre de la chine ;

mais s'ils ne sont que projettés, on lavera seulement la coupe de leurs bords en jaune, en adoucissant vers le bas.

207. La coupe des chappes de ciment se lave d'une teinte rouge ou jaune plus forte que celle de la maçonnerie.

208. Le sable en coupe, comme celui que l'on met dessus les chappes de ciment, se doit laver d'une demi-teinte de gomme-gutte, qu'il faut ensuite pointiller d'une demi-teinte d'encre de la chine.

209. Pour les coupes des bâtimens civils, on suit à-peu-près les mêmes principes que ceux que nous avons enseignés à l'article IX du premier chapitre; mais, comme il y a quelques légères différences, nous allons les expliquer, dans l'article suivant, qui est particulièrement consacré à les faire connoître.

210. Dans la charpente, outre qu'on lave les pièces de bois en coupe d'une teinte *un peu plus forte que ce qui n'est pas coupé*, on hache encore les *parties coupées à la plume avec de l'encre de la chine*, ce qui ne doit se faire qu'après avoir lavé, parce que le lavis étaleroit les hachures; dans l'architecture civile, les pièces de bois coupées en longueur qui se présentent sur le bout, seront croisées en diagonaux (141) & couvertes d'une légère teinte de bois. Nous invitons à suivre cette dernière méthode, elle est plus propre & plus intelligible.

Des Élévations ou Façades.

211. Les façades des ouvrages de fortification se lavoient d'une teinte très-claire, qui diminuoit de ton à proportion qu'une face étoit plus reculée que l'autre: ce qui est contraire aux principes de

CHAP. II. DE L'ARCHITECTURE MILITAIRE. 39

la perspective aërienne & de l'architecture civile; car cette loi ne doit avoir lieu que pour les ombres seulement (113, 115, 116). Nous invitons à suivre la loi de l'architecture civile, que nous avons exprimée *fig. 3, Pl. VIII*, où les corps éloignés sont plus forts que ceux en avant pour les teintes plates, & les ombres plus fortes en avant que dans les fonds : bien entendu que tous ces effets seront couverts d'une légère teinte en carmin ou en jaune, suivant que l'objet existe ou n'est que projetté.

212. On suivra le même système d'effet pour les ombres portées du cordon sur les faces du bastion, & pour celles portées du bastion sur les courtines.

ARTICLE V.

De la manière d'exprimer les Bâtimens d'Architecture civile sur les Dessins d'Architecture militaire.

213. Nous ne parlerons ici que des principes qui diffèrent de ceux enseignés dans l'architecture civile. Les objets qui se traiteront de la même manière étant expliqués dans le chapitre premier, nous nous bornerons à y renvoyer le Lecteur.

Des Plans.

214. Ainsi que dans les Dessins d'architecture civile, les Plans des bâtimens sont toujours censés coupés à la hauteur de l'appui des fenêtres ; consultez pour le trait & pour le lavis des murs l'article II du chapitre premier. Lorsque l'objet existe, le Plan sera lavé en rouge, & en jaune si ce n'est qu'un projet : cette méthode est générale & invariable dans l'architecture militaire. Nous nous dispenserons de le répéter à l'avenir.

215. Les cloisons de charpente seront lavées

d'une couleur de bois, quoiqu'il y ait de la maçonnerie entre les poteaux, pour les distinguer des murs en pierre qui auroient la même épaisseur.

216. Les cloisons de planches seront aussi lavées d'une couleur de bois.

217. Pour les portes & les fenêtres, voyez (28, 29).

218. Pour les escaliers, voyez (11).

219. Pour les planchers & plafonds, voyez (13).

220. Pour tous les objets d'usage dans une cour, remise, cuisine, salle à manger, sallon, chambre à coucher, &c. voyez (9, 10, jusques & compris 30). Consultez encore le Vocabulaire.

221. Pour l'étage des souterrains qui comprend les caves au vin, le cellier, les cuisines, les offices, où peuvent se trouver des voûtes en berceau, en plein cintre, en anses de panier, en voûte d'arête, en arc de cloître, en lunettes, des massifs de terre, &c. consultez l'article IV du Chapitre premier.

222. Pour les murs mitoyens, voyez (5).

223. Pour le plan des combles, voyez l'article V du chapitre premier.

224. Pour les jardins de propreté, voyez l'article VI du chapitre premier, en observant cependant que, dans les dessins d'architecture militaire, les ifs, les cyprès seront figurés en élévation & peints dans le goût de la miniature; les arbrisseaux, avec leurs caisses; & les fleurs, avec leurs vases. On donnera aux uns la couleur du bois, & aux autres la couleur bleue, pour imiter la fayence, quand même ils ne seroient que de terre. On fera aussi les jets d'eau en élévation.

DES Façades.

225. POUR les façades des bâtimens civils, on étoit dans l'usage de suivre la méthode des façades de la fortification ; c'est-à-dire, de faire les teintes plattes & les ombres plus foibles à mesure que les objets s'éloignoient. On abandonnera cette méthode pour adopter celle de l'architecture civile (113, 115).

226. Les portes & les fenêtres sont d'abord lavées, dans toute leur baie, d'une teinte d'encre de la chine ; ensuite il est d'usage de leur faire à chacune une ombre portée à gauche, & dessous la platte-bande, cette ombre doit avoir de largeur le quart de celle de la fenêtre. Il vaut infiniment mieux les laver, comme nous l'avons dit (124, 125).

227. La couverture se lave de même que dans l'architecture civile (131, 65, 66, 67).

228. Il ne faut mettre aucune teinte dans la baie d'une porte qui se trouve dans un mur de clôture ; mais si l'on ferme cette baie avec sa porte mouvante, on la lavera d'une couleur de bois, & l'on fera une ombre portée à gauche, & sous la platte-bande, comme on faisoit aux portes & fenêtres des façades.

DES Coupes.

229. TOUT ce qui faisoit la différence de la manière d'exprimer les coupes des bâtimens civils sur les dessins d'architecture militaire, consistoit d'abord dans ce que nous avons dit à l'article précédent (225), & dans ces deux points essentiels : 1.° que les murs coupés devoient y être d'une forte teinte rouge ; 2.° qu'on l'interrompoit aux endroits des poutres & des planchers : au lieu que,

dans l'architecture civile, les murs coupés sont toujours ce qu'il y a de plus clair dans le dessin, & que l'on observe clairement les poutres & les solives des planchers qui se trouvent dans leur épaisseur. En suivant cette méthode, le dessin y gagnera en pureté, en effet, sans rien perdre de son intelligence. Voyez le chapitre premier.

Article VI.

Manière d'exprimer & de dessiner les diverses parties d'une place, & les accessoires qui l'accompagnent ou l'environnent. Pl. IX & X.

230. Nous suivrons dans le détail de cet article l'ordre alphabétique, ainsi que l'a fait Buchotte. Nous pensons, comme lui, que cet ordre donne plus de facilité à trouver l'objet dont on a besoin. Nous avons cru devoir définir chaque objet avant de décrire la manière de le dessiner. Nous avons eu soin de ne mettre dans cet article que ce qui y a rapport. En conséquence, tout ce qui regarde les Cartes, est à l'article VII. Nous avons ajouté les objets oubliés, & nous avons éclairci ceux qui nous ont paru insuffisans & obscurs.

231. Arsenal. Grand bâtiment, où l'on fabrique les armes, & qui leur sert de magasin. Dans les Plans dont l'échelle est d'un pouce ou d'un pouce & demi pour cent toises, on en lavera au carmin les masses de bâtimens, en observant de laisser en blanc tout ce qui sera cour, autant que possible, comme en *a*, *Pl. X.* Voyez encore ci-après, *Bâtimens particuliers*. Lorsque l'échelle sera d'une ligne pour trois toises, on pourra distinguer l'Arsenal des autres bâtimens, en y marquant les forges par de petits soufflets, ou les moulins à bras ou à cheval

CHAP. II. DE L'ARCHITECTURE MILITAIRE. 43

par de petites roues, que l'on fera l'un & l'autre à l'encre de la chine, en observant de les placer dans la partie du bâtiment qui leur convient le mieux, & toujours le plus éloigné qu'il sera possible du logement des Officiers d'artillerie & de la salle d'armes. On marquera les arêtes & les noues de la couverture A, *Pl. IX*, & l'on dessinera & lavera le tout comme il est dit aux articles II & III de ce chapitre.

232. BANQUETTE. Petit chemin élevé à côté d'un autre. On ne l'exprime que dans les Plans faits sur de grandes échelles, par une ligne noire très-fine, qui indique tout-à-la-fois & la banquette & son talut. Voyez au reste ce que nous avons dit (173).

233. BASTION. Principale pièce d'un ouvrage de fortification. Voyez *le Vocabulaire & les figures 3 & 4 de la Pl. VIII.*

234. BATARDEAU. Digue formée de maçonnerie, de charpente ou de terre pour retenir les eaux. Dans les Plans dont l'échelle est d'un pouce ou d'un pouce & demi pour cent toises, on l'exprime par deux lignes fines & parallèles qui seront rouges, si le batardeau est de maçonnerie, noires, s'il est de bois ou de terre, observant de mettre dans le milieu de la longueur du premier un petit zéro pour indiquer la petite tourelle, appellée *Dame*, (comme celui qui est à l'angle du *bastion 4, Planches IX & X*) dont l'usage est d'interrompre le passage d'un bout du batardeau à l'autre: on lavera entre ces parallèles & dans la dame de la couleur qui conviendra. Les taluts ne s'expriment pas sur cette échelle; mais lorsqu'elle sera d'une ligne pour trois toises, on fera ceux de maçonnerie par trois lignes au carmin, dont celle

du milieu sera très-fine, en observant de ne la point passer sur la *dame*, qu'on lavera en rouge clair. Voyez celui qui est à l'angle flanqué du *bastion* 4, *Pl. IX*. Quant à ceux de terre, on tracera les taluts & on les lavera comme un parapet.

235. BATIMENS PARTICULIERS Dans les Plans, dont l'échelle est d'un pouce ou d'un pouce & demi pour cent toises, on en dessinera le contour au carmin & on le lavera d'une demi-teinte, excepté ce qui sera cour ou jardin, comme C, *Pl. IX*; on le lave aussi en entier, en ne distinguant ni cour ni jardin, mais en adoucissant vers le milieu, comme C, *Planc. IX & X*, ou sans adoucir, comme les îles *b, c, d, Pl. X*. Lorsque l'échelle sera d'une ligne pour trois toises, on pourra représenter le Plan de la couverture comme les bâtimens A & B, *Pl. IX*.

236. BATTERIE. Lieu couvert d'un épaulement, derrière lequel on a établi des plattes-formes pour ranger des pièces d'artillerie.

237. Lorsqu'elle est établie sur une barbette dans les Plans dont l'échelle est d'un pouce pour trois cents toises, on en marquera seulement l'emplacement par des lignes fines qui seront rouges, si le revêtement est de maçonnerie, & noires s'il est de gazon, sans indiquer les plattes-formes; on indiquera les rampes par où l'on monte les canons avec une simple ligne, comme à l'angle du *bastion* 2, *Pl. X*. Lorsque l'échelle est d'une ligne pour trois toises, on marquera les taluts du contour & ceux des rampes, comme au *bastion* 2, *Pl. IX*. On peut, si l'on veut, y tracer les madriers & les plattes-formes, qu'on lavera d'une couleur claire de bois.

238. *Batterie avec embrâsures*. Voyez les embrâ-

sures du parapet du cavalier sur le *bastion* 4, *Pl.* *IX*; il n'est guère possible de les indiquer à moins que l'échelle du Plan ne soit d'une ligne pour trois toises, encore cela n'est pas absolument nécessaire.

239. BERME. Espace qu'on laisse entre le pied des remparts & l'escarpe du fossé d'une ville fortifiée pour recevoir les terres qui s'éboulent. Il n'est pas nécessaire de les marquer au corps de la place, à moins que l'échelle ne soit très-grande; mais elles doivent toujours être exprimées aux ouvrages à demi-revêtement, afin de les distinguer des revêtemens entiers. On les exprime par une ligne noire bien nourrie. Voyez les bermes G & *g* aux demi-lunes 1, 3 & 5 des *Pl. IX & X.*

240. BOULANGERIE. Lieu où se fait le pain. Lorsqu'elle est sous-terre, comme dessous un bastion plein ou sous le rempart d'une courtine, on en marquera la figure par des lignes ponctuées en rouge. Mais quand elle est hors de terre, on la fait comme les *bâtimens particuliers.*

241. CAPONIÈRE. Petit corps-de-garde couvert par des glacis en terre dans le fond d'un fossé sec. Dans les Plans dont l'échelle est d'un pouce & demi pour cent toises, on marquera les parapets par une ligne seulement & semblable à celle qui est à la gorge de la demi-lune 5, *Pl. X,* laquelle traverse le fossé, en observant de laisser un passage du côté de la contrescarpe, pour communiquer dans le fossé & dans les autres ouvrages; on lavera le glacis comme celui des chemins couverts. Lorsque l'échelle est d'une ligne pour trois toises, il faut y marquer la banquette, ainsi qu'aux autres ouvrages, comme on peut le voir à la caponière située à la gorge de la demi-lune 5, *Pl. IX.*

242. CAVALIER. Plate-forme ou terrasse

élevée sur le terre-plein d'un rempart de 18 à 20 pieds, où l'on met du canon pour battre la campagne. Voyez le cavalier sur les *bastions* 4 *des Pl. IX & X.* Il n'est pas nécessaire d'y marquer les embrâsures des batteries, ni le talut de son revêtement, à moins que l'échelle ne soit d'une ligne pour trois toises, comme *Pl. IX.* Son parapet & ses autres détails seront lavés comme le reste des autres ouvrages.

243. Il y a aussi des cavaliers de tranchées ; c'est une élévation en terre que fait l'assiégeant avec gabions, fascines & sacs-à-terre vers le haut du glacis, pour plonger dans le chemin couvert & le faire abandonner.

244. CASERNES. Grands bâtimens où logent les soldats. Voyez les casernes 6, *Pl. IX & X*, & le mot *bâtiment particulier* (235).

245. CHEMIN COUVERT. La ligne qui en marque le parapet doit être moins grosse que celle du trait magistral de la place. On ne lave point leur terre-plein, mais seulement le glacis, que l'on fait plus fort en haut, en adoucissant insensiblement par le bas ; on indique le côté de l'ombre par une teinte plus forte, mais adoucie de la même manière : tels sont les glacis des *Pl. VIII, IX & X.*

246. CHEMINS DE RONDES. Espace qu'on pratiquoit autrefois entre le parapet du rempart & le revêtement du fossé, au niveau du terre-plein du rempart, pour en découvrir le pied : on ne le pratique plus, parce que dans les siéges il étoit d'abord ruiné par le canon des assiégeans. On n'y lavoit rien, on le laissoit parfaitement blanc.

247. CONTRESCARPE. Talut du fossé du côté du chemin couvert, indiqué *Pl. VIII, fig.* 2 & 4, par les lignes IK. (177).

CHAP. II. DE L'ARCHITECTURE MILITAIRE. 47

248. COMMUNICATION. Boyau de tranchée que l'on pratique pour joindre différentes parties des défenses, des attaques & des logemens. Voyez *Pl. XIV*. Celles qui sont pour communiquer à quelque redoute ou lunette au pied du glacis du chemin couvert, s'expriment dans les plans dont l'échelle est d'un pouce ou d'un pouce & demi pour cent toises par deux lignes noires seulement, sans autres détails. Telle est la communication o qui joint la lunette 6 au chemin couvert. *Pl. X*.

249. Si l'échelle est d'une ligne pour trois toises, il faut y indiquer les traverses que l'on y fait pour empêcher l'enfilade, & les deux lignes qui bordent la communication à droite & à gauche seront faites en crochet. Telle est la communication K de la lunette 6 de la *Pl. IX*. Voyez encore (176) & la *Pl. XIV*.

250. CORPS-DE-GARDE. Petit pavillon, composé d'une grande pièce à cheminée, dans laquelle sont des couchettes & paillasses pour loger les soldats destinés à la garde de la ville, & d'une autre petite pièce aussi à cheminée pour l'Officier qui les commande. Au-devant de la face du corps-de-garde est toujours une gallerie aérée, mais couverte, pour mettre le factionnaire & les armes à l'abri dans le jour. Les corps-de-gardes sont toujours situés près des portes de la ville, & dans les ouvrages extérieurs près des ponts & barrières. On en pratique aussi dans les souterrains des palais pour la garde des Magistrats & des Princes.

251. Dans les Plans dont l'échelle est d'un pouce ou d'un pouce & demi pour cent toises, on l'indiquera par un petit rectangle lavé au carmin. Voyez celui de la demi-lune 3, *Pl. X*.

252. Lorsque l'échelle sera d'une ligne pour trois

toises, on doit y indiquer la galerie au-devant, comme est le corps-de-garde L dans la demi-lune 3, *Pl. IX*.

253. DIGUE. Massif de maçonnerie ou de charpente, & de fascinage dont on fait obstacle à l'entrée & aux fonds des canaux. Celles qui sont de maçonnerie seront lavées au carmin, en faisant le trait du côté de l'eau plus gros que l'autre, qui doit être fin; celles qui ne sont que de terre, seront lavées à l'encre de chine, & celles en bois, recevront une teinte de bois.

254. Les digues qui ne soutiennent l'eau qu'à une certaine hauteur, servent de déchargeoir à un canal dont elles retiennent les eaux, & sont toujours de maçonnerie & pavées; lequel pavé est entretenu par deux fortes pièces de charpente, que l'on indique par deux forts traits à l'encre; celui qui soutient l'eau est plus gros que l'autre. Voyez la digue P', *Pl. X*, & la digue, *Pl. XI*.

255. ECLUSE. Ouvrage de maçonnerie & de charpente mobile, construit sur une rivière, sur un canal ou dans les fossés d'une ville de guerre, pour en retenir & élever les eaux ou pour les laisser couler, quand on veut. Lorsque l'échelle est plus petite qu'un pouce pour trente-six toises, on marquera les bajoyers & les piles par une ligne seulement au carmin, de la grosseur de celle des revêtemens des ouvrages entiers de la même couleur. Voyez l'écluse de la *Pl. XI*.

256. Mais lorsque l'échelle est d'une ligne pour trois toises, on marquera l'épaisseur des bajoyers & des piles, que l'on fera pointues aux deux bouts pour indiquer les avant & arrière bas, par deux lignes fines au carmin, entre lesquelles on lavera d'une teinte entière de la même couleur.

CHAP. II. DE L'ARCHITECTURE MILITAIRE. 49

257. EMBRASURES. Ouvertures pratiquées dans le parapet des ouvrages. Voyez les embrâsures mm, dans le cavalier du *bastion 4*, *Pl. IX*. Il n'est pas absolument nécessaire de les marquer, à moins que l'échelle du Plan ne soit d'une ligne pour trois toises.

258. ESCALIER. Assemblage de degrés ou de marches pour communiquer d'un lieu à un autre plus élevé. Il n'est point nécessaire d'indiquer les escaliers que l'on pratique aux angles rentrans de la contrescarpe pour monter sur le chemin couvert, ainsi que ceux qui sont aux gorges des ouvrages détachés, à moins que l'échelle ne soit d'une ligne pour trois toises. Voyez les escaliers M aux angles rentrans des contrescarpes, *Pl. IX*.

259. ESCARPE. Talut du revêtement du rempart qui fait face à la campagne, depuis le fond du fossé jusqu'au cordon. Voyez *Revêtement*.

260. ETANG. Amas d'eau dans un lieu bas retenu par une chaussée. On marquera les bords & la chaussée qui en soutient les eaux à l'encre de la chine, & l'on observera de marquer les taluts de cette chaussée; si elle est revêtue du côté de l'eau, comme il arrive quelquefois, soit que ce revêtement soit en pierre sèche ou avec mortier, on l'exprimera, comme les autres revêtemens, par une ligne rouge, & l'on marquera l'endroit de la vanne par deux lignes ponctuées en travers de la chaussée. On aura soin aussi de faire par intervalle, dans l'étang même & sur ses bords, quelques joncs & roseaux, le tout irrégulièrement, & on en lavera toute l'étendue avec de la couleur d'eau, en adoucissant vers le milieu. Voyez l'étang M & la vanne S de la *Pl. X*. Voyez aussi *Pl. XI*.

261. FONTAINE est, en général, une source d'eau vive qui sort de la terre. Dans ce cas, si le bassin de sa source est de maçonnerie, on en dessinera le Plan au carmin, & l'on remplira l'intérieur de couleur d'eau. Voyez la fontaine N, *Pl. X*. Voyez encore la fontaine en élévation, *Pl. XI*.

262. FOSSÉ. Ouverture en terre & en longueur environnant un espace pour en défendre l'entrée. S'ils sont pleins d'eau, on les lavera avec de la couleur d'eau, en adoucissant la teinte vers le milieu, en conservant la force sur les bords, & en faisant le côté de l'ombre plus fort que celui qui est censé éclairé ; si les fossés sont secs, on les lavera d'une couleur rougeâtre, toujours dans le même système d'effet, en y faisant un petit pointillé à la plume avec de la même couleur, mais plus forte, pour imiter le sable & les cailloux. Tels sont les fossés des *Pl. VIII, IX & X*.

263. FRAISES. Pieux de bois triangulaires, de 6 à 7 pieds de long, pointus par leur extrémité saillante. On plante ces pièces de bois dans le revêtement du rempart d'une place, un peu au-dessous du cordon, presque horisontalement, la pointe saillante inclinée vers le fossé, & cela tout du long ; elles tiennent lieu du cordon dans les places non revêtues, & servent à se garantir de l'escalade & des autres surprises de l'ennemi.

264. On n'indique plus les fraises dans un Plan entier, comme aussi on n'en fait plus guère d'usage dans la défense d'une place, l'expérience ayant prouvé que ces palissades produisoient plus d'effet à la décoration que d'utilité pour les assiégés.

265. GLACIS. Pente douce & insensible d'un terrain ordinairement revêtu de gazon, qui raccorde les différens niveaux de pente de deux terrains

CHAP. II. DE L'ARCHITECTURE MILITAIRE. 51

inégaux; dans une place fortifiée, c'est l'espace de terrain en pente très-douce d'environ vingt à trente toises de longueur, depuis le haut du parapet du chemin couvert jusqu'au niveau de la campagne.

266. On les lave d'une demi-teinte d'encre de la chine, en conservant à ceux ombrés la force au sommet, & en l'affoiblissant insensiblement vers le pied : on fera l'effet contraire à ceux qui sont dans le clair. On observera de ne pas laver toutes les faces de la même force; celles du côté du jour, ou à-peu-près, seront faites beaucoup plus claires; quelquefois même on n'y met rien du tout, mais on a tort; on couvre ensuite le tout d'une légère teinte de verd. Voyez les glacis *a* C, *fig. 4*, *Pl. VIII*, & ceux I, *Pl. IX & X.*

267. GUÉRITE est, en général, un petit lieu de retraite pour observer. Dans les forteresses, c'est une tourelle de maçonnerie ou de charpente qu'on construisoit aux angles saillans des ouvrages pour mettre les sentinelles à couvert, & d'où elles pouvoient observer tout ce qui se passoit aux environs de leur poste. On ne les dessinoit point dans le Plan d'une place, seulement on indiquoit le passage dans l'épaisseur du parapet par deux lignes fines, encore falloit-il que le Plan fût sur une échelle d'un pouce pour trente-six toises. Aujourd'hui on ne fait plus de guérite, parce que l'expérience a montré qu'elles servoient de point de mire pour l'ennemi. On les fait en charpente, & on les met où l'on veut.

268. HALLE. Place publique, servant de marché. Dans les Plans dont l'échelle est d'un pouce ou d'un pouce & demi pour cent toises, il suffira de laver son emplacement d'une demi-teinte de

D 2

carmin, comme les autres îles de maisons, voyez la halle D, *Pl. X*. Mais lorsque le Plan sera d'une ligne pour trois toises, on y marquera les piliers que l'on lavera au carmin. Voyez la halle D, *Pl. IX*.

269. HAVRE. Petit port construit sur la gorge de la demi-lune, comme celui X de la demi-lune I, *Pl. IX*. Les escaliers M des angles rentrans des chemins couverts sont aussi de petits ports; mais ils sont mieux placés à la gorge de la demi-lune.

270. HÔPITAL. Lieu de retraite pour les malades & les pauvres. Voyez *Bâtimens particuliers*.

271. JARDIN. Voyez (224).

272. LIGNE MAGISTRALE. Voyez (168) & *Revêtement*.

273. MAGASIN A POUDRE. Lieu où se conserve les poudres. Quand l'échelle n'est que d'un pouce & demi pour cent toises, on marquera les murs du pourtour par une ligne rouge seulement, mais très-grosse, à-peu-près comme celle du revêtement, sans indiquer le centrefort, & on lavera tout l'intérieur d'une teinte de carmin. On indiquera le mur de clôture par une ligne rouge, mais fine; s'il y a des palissades, on les indiquera par des points. Voyez le magasin à poudre *a* dans le bastion 2, *Pl. X*. Lorsque l'échelle sera d'une ligne pour trois toises, on fera l'épaisseur du mur & les centreforts par deux lignes rouges, entre lesquelles on lavera au carmin; la voûte s'indiquera par deux diagonales ponctuées; on fera la porte du magasin & celle de la clôture; les palissades seront représentées par de petits zéros.

274. PALISSADES. Clôture ou obstacles faits avec des pieux de bois de chêne, d'environ neuf pieds de long, gros de huit à neuf pouces, & pointus par leurs extrémités supérieures. On en met sur la

CHAP. II. DE L'ARCHITECTURE MILITAIRE. 53
banquette du chemin couvert à 2 pouces l'une de l'autre. Voyez les palissades en plan & en élévation NN, des *fig. 1 & 2 de la Pl. VIII*. On en met aussi dans les bermes, au pied du parapet ; on ne les indique pas dans les Plans d'une place, non plus que les fraises : voyez ce mot.

275. PARAPET. Elévation en maçonnerie ou en terre pour mettre les soldats à l'abri du feu de l'ennemi. Dans le Plan d'une place on le lavera d'une teinte entière d'encre de la chine (170).

276. PASSAGE DE GUÉRITE. Voyez *Guérite*.

277. PLACE FORTIFIÉE. (167).

278. PLACE D'ARME. Petite esplanade en angle saillant, que l'on construit aux angles rentrans des chemins couverts. Voyez les places d'armes T, *Pl. IX*.

279. PONT. Construction en maçonnerie ou en bois, en travers & au-dessus des rivières ou des canaux. Les ponts de pierre q, *Pl. IX*, s'expriment par deux lignes rouges parallèles, & par les avant-becs & arrière-becs, quand la grandeur de l'échelle le permet. Ceux en bois se dessinent à l'encre de la chine, mais il ne faut pas que l'encre soit trop noire. La teinte pour laver les parapets sera suffisamment noire pour les lignes des ponts. On ne lave rien sur le dessus du pont ; on met seulement sur les garde-foux, quand l'échelle permet de le faire, une légère teinte de rouge sur ceux en pierre, & de jaune sur ceux en bois. On distinguera le pont-levis du dormant, en le croisant par deux diagonales. Voyez le pont qui traverse le fossé de la demi-lune 3, *Pl. IX*, & ceux P de la place entre les bastions 2 & 4, *Pl. X*, & les ponts, *Pl. XI*. Voyez encore *Chaussée*.

280. Si l'on faisoit le Plan particulier d'un pont,

on laveroit le plancher d'un pont de bois d'une légère couleur de bois, & celui d'un pont de pierre, en rouge. Mais sur la Carte des environs d'une place, le pont de pierre se fera par deux lignes rouges seulement, celui de bois, par deux noires, en marquant les madriers, sans rien laver sur l'un ni sur l'autre. Voyez les ponts L & S, *Pl. X*, & pour les Cartes topographiques, les ponts *Pl. XI*.

281. PORTE D'ENTRÉE D'UNE PLACE. Ouverture dans le revêtement d'une place pour communiquer dans l'intérieur de la ville. Dans les Plans dont l'échelle est d'un pouce ou d'un pouce & demi pour cent toises, on en marquera le passage par deux lignes rouges ; s'il y a un corps-de-garde de chaque côté dans le talut du rempart, on le marquera aussi en rouge, & on le lavera d'une demi-teinte de la même couleur. Voyez la porte P dans la courtine entre les bastions 2 & 4, *Pl. X*. Mais lorsque l'échelle sera d'un pouce pour trente-six toises, il faudra indiquer le corps de bâtiment qui couvre le passage & le corps-de-garde par le Plan de la couverture P, *Pl. IX*.

282. POTERNE. Porte & passage secrets & souterrains, pratiqués en différens endroits d'une place pour faire passer des troupes dans les ouvrages extérieurs. On les exprimera par deux lignes ponctuées traversant le rempart pour indiquer le passage souterrain, dont l'entrée est indiquée par deux lignes ponctuées. Voyez celles qui sont dans le milieu des courtines, vis-à-vis les demi-lunes 1 & 5, *Pl. IX & X*.

283. RADIER. Plancher en pierre ou en bois, compris entre les piles & les culées d'un pont, ou entre les bajoyers d'une écluse sur lequel l'eau coule.

CHAP. II. DE L'ARCHITECTURE MILITAIRE. 55

284. S'il est de pierre, on le lavera légérement en rouge, & en jaune clair s'il est de bois ; mais dans les deux cas, rouge ou jaune, on passe par-dessus une légère teinte de couleur d'eau.

285. RAMPE. Chemin pratiqué obliquement dans le talut d'un rempart pour y conduire les pièces d'artillerie. Il n'est pas nécessaire de le marquer, à moins que l'échelle ne soit d'un pouce pour trente-six toises. Voyez les rampes R, *Pl. IX*.

286. REDOUTE. Petit fort isolé, construit pour prolonger la défense d'une place. On l'indique ordinairement par un petit carré qu'on remplit d'une demi-teinte de carmin. Lorsqu'elle est de terre, on la dessine à l'encre de la Chine telle qu'elle est, & on lave son parapet & son fossé comme les autres ouvrages. Voyez la redoute 8 dans l'île T, *Pl. X*.

287. REMPART. Elévation de terre au pourtour intérieur d'une ville, formée par les terres que l'on tire de l'excavation du fossé. Cette élévation est plane sur le dessus, avec un talut des deux côtés ; le talut de l'extérieur qui se prolonge jusqu'au fond du fossé, est presque toujours revêtu de maçonnerie ; c'est ce qu'on appelle *revêtement*. Anciennement on lavoit le rempart d'une demi-teinte d'encre de la Chine ; mais aujourd'hui on ne le lave plus, on lave seulement les taluts. Voyez *Talut* & *Revêtement*, & les remparts Q, *Pl. IX*.

288. REVÊTEMENT. Talut de terre ou de maçonnerie qui soutient les terres d'un rempart du côté de la campagne, depuis le parapet jusqu'au fond du fossé. Lorsqu'il est de maçonnerie, on le marque par une ligne rouge bien nourrie, qui doit être plus grosse que celle des gorges & des contrescarpes ; mais lorsque ce revêtement n'est que de

gazon, la ligne qui le marque doit être noire; & l'on fait la berme à son pied. Voyez (177) & le mot *Berme*.

289. SOUTERRAINS. Ouvrages presque toujours construits en maçonnerie au-dessous du sol des divers étages. Les souterrains qui sont au-dessous du sol du rez-de-chaussée s'expriment par des lignes ponctuées noires, & ceux au-dessous du sol des étages supérieurs par des lignes ponctuées rouges (49).

290. TALUT. Pente que l'on donne au revêtement des ouvrages pour leur donner plus de solidité. Il n'est pas nécessaire de les indiquer, à moins que l'échelle ne soit au moins d'une ligne pour trois toises; alors ils s'expriment par une ligne très-fine à l'encre. Voyez *Banquette*, *Parapet*, *Escarpe*, *Contrescarpe*, *&c*.

291. TERRE-PLEIN. Espace de terrain massif & élevé, soutenu souvent par des taluts. Autrefois on les couvroit d'une teinte d'encre douce, aujourd'hui on n'y met plus rien. On dit le terreplein du rempart, du chemin couvert, pour dire le dessus.

292. TRAVERSES. Massif de terre ou de maçonnerie qui occupe toute la largeur d'un chemin ou d'un fossé pour en couvrir l'enfilade. Il faut mettre le plus gros trait du côté de la banquette si on en met, ce qui ne peut avoir lieu que dans le cas où l'échelle est d'un pouce pour trois toises; on indique la traverse par une ligne très-fine, & son épaisseur se lave de la même teinte que les parapets des ouvrages. Voyez les traverses S dans le chemin couvert & dans les places d'armes, *Pl. IX*.

293. VANNE. Porte mobile entre deux coulisses, servant à retenir & à lâcher les eaux d'une écluse,

CHAP. II. DE L'ARCHITECTURE MILITAIRE. 57
d'un canal, d'un étang, &c. On l'indique par deux lignes ponctuées à l'encre. Voyez *Etang*.

294. VOUTE. Plancher de maçonnerie en arc; il s'exprime par des lignes ponctuées rouges ou noires. Voyez *Souterrains* & (49).

ARTICLE VII.

Des Cartes topographiques & des accessoires de Paysages qui accompagnent les Places de guerre. Pl. X.

INTRODUCTION

Ou observations préliminaires.

295. Avant de passer au détail de chacun des objets qui composent l'ensemble d'une Carte topographique, il est bon que l'on soit pénétré de l'effet général du dessin que l'on entreprend. Nous allons exposer les lois de l'effet général d'une Carte, en prévenant les Elèves qu'elles sont approuvées par les Ingénieurs les plus instruits, qui desirent fortement que les jeunes gens s'habituent à les étudier; nous les assurons, qu'une fois les premières difficultés vaincues, le succès couronnera leur étude.

1.° Une Carte topographique est, pour ainsi dire, la vue générale d'un pays que l'on observe du lieu où est supposé le spectateur; de-là, il voit des montagnes, des vallées ou autres objets près de lui, & d'autres plus ou moins éloignés. Ces derniers s'affoiblissent de ton d'ombre & de vigueur de couleur, en proportion de leur éloignement respectif. Les détails des montagnes, des rochers, des escarpemens, des arbres, des prés, &c. éloignés lui paroissent plus vagues que ceux qui sont près de lui. Pourquoi, dans une Carte étudiée, ne donneroit-on pas le sentiment de la nature? Ne disons pas de suivre exactement l'effet aërien, mais eu moins *il faut plus de ton d'ombre, plus de vigueur de couleur, & les détails doivent être plus sentis, plus soignés, plus variés sur les devant des Cartes que dans l'éloignement.*

296. 2.° Les montagnes, les rideaux & les collines doivent toujours être en élévation, & les coups des pinceaux qui les forment, doivent, en suivant chaque pente de montagnes, être parallèles entre eux (& non pas divergens comme on l'a fait jusqu'ici) très-obliques, si la montagne est douce, & presque verticaux, si elle est escarpée.

297. 3.° Dans une Carte topographique, comme dans le Paysage d'une place de guerre, *les plus grands clairs sont les côtés éclairés des montagnes;* & plus elles sont élevées, plus ce côté éclairé sera brillant. On observera encore (295), que les montagnes en avant seront plus claires que celles des fonds, & leurs côtés ombrés plus vigoureux de ton d'ombre & de couleurs.

298. 4.° Pour parvenir avec facilité à cet effet général, nous proposons aux Elèves ce que nous faisons nous-mêmes avec succès. Sur les fonds de notre Carte, & parallèlement à la ligne d'en-haut, en descendant vers le bas (qui est le devant de la Carte), nous posons jusqu'au quart de cette largeur, de haut en bas, une teinte extrêmement légère de verd, mêlée d'un peu d'encre de la chine, & nous la fondons jusqu'à la moitié avec une couleur aussi légère de terre d'ombre; depuis la moitié jusqu'au bas on fondra cette teinte de terre d'ombre avec de l'eau pure. Voilà pour l'effet fuyant; passons au relief des montagnes.

299. 5.° Nous avons dit (297), que le côté éclairé des montagnes étoit ce qu'il y avoit de plus clair. Pour arriver à cet effet, lorsque la teinte

CHAP. II. DE L'ARCHITECTURE MILITAIRE. 59

dont nous venons de parler, est parfaitement sèche, nous en mettons une semblable sur tout ce qui est vallon, (plus claire sur ce qui est plaine) en passant sur les côtés ombrés des montagnes, & en l'adoucissant sur les côtés clairs du bas vers le haut. Il ne faut pas craindre que cette teinte donne un ton triste à la Carte ; les effets d'ombre & de couleur qu'on y appliquera ensuite, comme les détails qui vont suivre l'indiqueront, lui donneront toute la fraîcheur nécessaire ; il suffit seulement de les mettre franchement & en moins de teinte possible.

300. Nous passons aux divers objets en particulier ; &, comme nous l'avons fait à l'article précédent, nous suivrons l'ordre alphabétique, pour les raisons que nous avons données.

301. ABBAYE. Lieu où vivent en communauté plusieurs religieux ou religieuses. On en dessinera le Plan tel qu'il est au carmin, & on lavera d'une demi-teinte tout ce qui est bâtiment, en observant de mettre une petite croix dans le Plan de l'église, & l'on écrira le nom & surnom auprès de la position. Voyez, au reste, *Bâtiment particulier* (235). Si l'on fait l'abbaye en élévation, on fera à l'encre de la chine une petite église, avec un clocher en flèche, au sommet de laquelle on fera une petite croix avec une crosse ; on lavera le clocher en bleu & la couverture de l'église en vermillon. *Pl. XI.*

302. ARBRE DE REMARQUE. On le fera plus gros que les autres, en le détaillant davantage ; on lui donnera un petit coup de verd brun du côté de l'ombre, & de verd clair jaunâtre du côté du clair ; au pied de la tige on fera une ombre portée à droite. Voyez (224) & *Pl. XI.*

303. BAC. Grand bateau plat, construit de ma-

nière à pouvoir contenir les hommes, les chevaux & les voitures. On l'exprimera par une petite ligne noire & en travers d'une rivière, en lui donnant une courbure bombée du côté d'aval, avec une pièce de bois ou un gros pieu à chaque bout. Cette courbure marque la corde qui conduit le bac. Voyez *Pl. X* entre les deux îles, & *Pl. XI*, quatrième colonne.

304. BOIS ou FORÊT. Grande étendue dans la campagne, couverte d'arbres venus naturellement ou plantés. Il arrive souvent qu'il y a beaucoup de bois à faire dans les Cartes, dans ce cas la manière la plus expéditive sera préférée; la voici : on figurera d'abord chacun des arbres ou chaque masse de bois par quatre ou cinq petits traits de plume à l'encre de chine. Il faut, de distance en distance mettre 2, 3, 4, 5 ou 6 arbres ensemble, & souvent davantage, de diverses grosseurs; de temps en temps un seul, mais rarement, en entre-mêlant & les arbres qui composent les masses, & les vides qui séparent ces masses de petites broussailles, & en les semant plus clairs les uns que les autres pour éviter une égalité monotone, qu'on ne doit point voir sur un dessin bien fait. Aux arbres isolés, on fera une petite tige verticale, & au bas une ligne horizontale pour marquer l'ombre. Tout ce travail se fait à l'encre de la chine avec une plume très-fine. Ensuite on lavera, on mettra sur le pourtour de l'étendue du bois, si la circonférence se termine fortement, une teinte de verd, mais plus foncée du côté de l'ombre, & adoucie vers le milieu. Mais si la circonférence du bois ou de la forêt étoit indécise, que les bois finissent insensiblement, on feroit le contraire; la teinte se mettroit forte au milieu, & s'adouciroit sur les

CHAP. II. DE L'ARCHITECTURE MILITAIRE. 61

bords; dans ce dernier cas elle seroit très-claire. Voilà pour l'effet général; passons au détail : sur chaque masse d'arbres, mettez une touche de verd, & sur chaque arbre, une autre touche de verd mêlé de noir du côté de l'ombre.

305. Aux arbres isolés, on fera comme aux arbres de remarque (302), voyez les bois de la *Pl. X*. On sent bien que si les touches sont variées de tons & de couleurs, que le dessin en deviendra plus brillant; le verd, la terre d'ombre, le carmin & l'encre de la chine, placés isolément ou mélangés, peuvent donner un effet éclatant, sur-tout aux clarières, où il ne se fait que des broussailles.

306. BOURG. Fort village ou petite ville, *Pl. XI, première colonne*. On en dessinera le Plan au carmin tel qu'il sera, & l'on remplira d'une demi-teinte tout ce qui sera bâtiment, observant de mettre une petite croix à l'église. Mais si c'est en élévation qu'on le représente, on fera l'église avec un clocher en flèche, une tour auprès & trois petites maisons; le tout comme il est indiqué *Pl. XI*. Le clocher sera bleu, & la couverture de l'église, ainsi que celles des maisons, seront teintes au vermillon.

307. BRIQUETERIE ou TUILERIE. Esplanades & corps de bâtimens où se fabriquent les briques. On la représentera toujours en élévation par un petit comble très-bas, qui sera lavé au vermillon. Voyez *Pl. XI*.

308. BRUYÈRES. Sur un fond montueux, composé de petits monticules teints avec de la terre d'ombre, on brindille à la plume ou au pinceau de petites touffes d'arbustes, & l'on picote le fond de petits points avec la même couleur que ce fond, mais plus forte.

309. CANAL. Lit naturel ou artificiel d'une rivière ou d'un ruisseau. S'il est de maçonnerie, les lignes qui marqueront son revêtement seront en rouge ; s'il n'est pas revêtu, les lignes seront noires. On lavera son lit comme les *rivières* & *fossés* ; s'il est projetté, il sera lavé en jaune. Voyez le canal *Pl. X*.

310. CARRIÈRE. Excavation en terre, d'où l'on tire la pierre. Il y a deux sortes de carrières, l'une est un trou perpendiculaire, sur laquelle on établit une roue & un treuil avec lesquels on monte la pierre. Cette carrière s'exprime par une petite roue à côté d'un trou. L'autre espèce est une excavation horizontale dans la pente d'une montagne, dans laquelle les voitures entrent & vont chercher la pierre ; on la figure par une entrée obscure, comme on peut le voir *Pl. X* & *Pl. XI*.

311. CHAPELLE. Petit temple consacré à un culte. On le dessine à l'encre de la chine, comme nous l'avons fait *Pl. XI*, *deuxième colonne*, avec une petite croix sur le pignon lavée en vermillon ainsi que la couverture.

312. CHATEAU. Grande maison de plaisance. On le dessinera à l'encre, tel qu'on le voit *Pl. XI*, *deuxième colonne* ; on lavera la couverture du corps-de-logis en bleu & celles des tours en vermillon.

313. CHAUSSÉE. Grand chemin pavé à travers la campagne, souvent élevé au-dessus d'un marais ou d'un vallon, & dans ce cas soutenue par des arcades. On le dessinera à l'encre de la chine, & l'on y marquera ses talus ; si l'échelle du Plan n'est pas moindre d'un pouce pour cent toises, on lavera d'une demi-teinte d'encre de la chine celui du côté de l'ombre, telles sont les chaussées I, *Pl. X*. On y marquera aussi les ponts, en obser-

CHAP. II. DE L'ARCHITECTURE MILITAIRE. 63

vant de faire ceux de pierre K en rouge, ceux de bois L en noir, & en indiquant à ceux-ci les madriers de leurs planchers. Pour les Cartes géographiques, voyez *Pl. XI*.

314. CHEMIN. Passage public d'un lieu à un autre. On le dessinera à l'encre de la Chine pâle, par deux lignes tracées négligemment & non pas très-prononcées ; on y indiquera les haies par de petites broussailles, sans y rien laver. Voyez les chemins X dans le paysage de la *Pl. X*, & celui de la *Pl. XI, troisième colonne*. On évitera de tomber dans le défaut ordinaire des Commençans ; les uns font les chemins par deux lignes parallèles, en faisant au-dehors une ombre portée, ce qui les élève & leur donne l'apparence d'une chaussée, tandis que presque tous les chemins sont creux ; d'autres les lavent en-dedans d'une couleur rougeâtres, tandis qu'il n'y faut rien laver, & qu'il faut les laisser blancs ; d'autres encore ne les font qu'avec des lignes ponctuées, alors on peut croire que ce sont des aqueducs ou des chemins souterrains.

315. Il nous paroît à propos de donner ici les dimensions des chemins & des sentiers conformes aux Ordonnances, afin d'éviter la disproportion que l'on est en droit de reprocher à beaucoup de Plans dessinés, d'ailleurs, avec beaucoup de soin.

316. La largeur des chemins dans les forêts doit être de douze toises ou vingt-quatre mètres ; celles des chemins nationaux ou royaux en pleine campagne, de quinze mètres ou sept toises & demie, afin de pouvoir établir, dans le milieu, un pavé de cinq mètres ou quinze pieds.

317. Les chemins de traverses auront vingt-quatre pieds ou huit mètres,

318. Les rues ou voies, seize pieds ou cinquante-trois décimètres,

319. Les sentiers communs, quatre pieds ou un mètre & demi,

320. Et le petit, deux pieds ou six décimètres.

321. CIMETIÈRE. On les indique ordinairement par de petites croix rouges ou noires, pour distinguer celles de pierre d'avec celles qui ne sont qu'en bois.

322. COMMANDERIE. Chapelle de l'ordre de Malthe. On la dessinera à l'encre de la chine, comme une chapelle; mais on y figurera la croix de Malthe, comme on la voit *Pl. XI, deuxième colonne*, à la pointe du pignon; on lavera la couverture en bleu, pour la distinguer de la chapelle ordinaire.

323. DIGUE. Voyez (253).

324. DUNES. Petites élévations de sable formées sur les bords de la mer par les flots. On les dessinera & on les lavera comme les montagnes, mais avec une couleur de sable. Voyez *Montagnes*.

325. ECHELLE. Voyez (143).

326. ECLUSE. Voyez (255).

327. ÉGLISE. Temple du culte catholique. Mettez une petite croix à l'endroit du maître-autel. Au surplus, voyez *Bâtimens particuliers*, (235).

328. ETANG. Voyez (260).

329. FLÈCHE. Pour marquer & connoître le courant des rivières & des ruisseaux, on met une petite flèche dans leur lit ou sur leurs bords, quand le lit est trop étroit; le dard est supposé marcher le premier avec l'eau; on dessinera cette flèche le plus simplement possible à l'encre de la chine, comme celles placées dans la rivière, *Pl. IX, X & XI*.

CHAP. II. DE L'ARCHITECTURE MILITAIRE. 65

330. FONTAINE. Voyez (261.)

331. FORÊT. Voyez *Bois & Forêts* (304.)

332. FOSSÉ. Voyez (262.)

333. FOUR A CHAUX. Fourneau construit pour y cuire la pierre à chaux. On le dessinera comme à la *Pl. XI, troisième colonne*, & on emplira d'une forte teinte de carmin la bouche ou l'ouverture par laquelle on met le bois.

334. FRICHES. Sur un fond inégal de deux verds un peu jaunes, on pointille & l'on brindille des touffes d'herbe, comme on fait aux prairies.

335. GIBET. Poteaux avec traverses, où l'on exposoit les criminels après le supplice. On les dessinera au naturel, c'est-à-dire, en perspective ; on teintera les pilliers en rouge, & les traverses en couleur de bois. Il y en a de doubles, de triples & de quadruples ; ces fourches patibulaires se placent sur les chemins & sur les hauteurs des terres qui ont haute, moyenne & basse-justice. Voyez *Pl. XI*.

336. GUÉ. Bas fond d'une rivière, sur lequel on a établi un passage ; quand l'échelle sera grande, on l'indiquera, en faisant avancer l'eau dans le chemin qui y arrive, *Pl. X;* autrement on l'exprimera par deux lignes ponctuées en travers la rivière, comme dans la *Pl. XI, quatrième colonne*.

337. HAIES. Clôtures d'un champ, d'un pré, &c, faites avec des branches d'arbres entrelassées, ou de jeunes arbustes plantés en terre. On les exprime par de petites broussailles à l'encre de la chine, comme celles S qui bordent les prés, les champs & les vignes de la *Pl. X*.

338. HAMEAU. Petit village sans église, *Pl. XI, deuxième colonne;* s'il est en plan, on dessinera le plan des maisons qu'on lavera de la même couleur,

E

En élévation, on fera trois maisons tracées à l'encre de la chine, dont on lavera les couvertures au vermillon, & l'on observera de ranger sur la Carte ces trois maisons de la même manière. Voyez *Pl. XI.*

339. HAUTEURS. Voyez *Montagnes* (349.)

340. HAUTES ET BASSES MARÉES. La basse mer se fera comme les verds d'une rivière ou d'un étang ; mais la haute mer, c'est-à-dire, le contour que l'eau dessine sur le terrain, sera indiqué par une ligne ponctuée ou pleine, mais extrêmement fine ; & l'espace compris entre cette ligne & la basse mer sera fait comme les fossés secs (262.)

341. Les inondations s'indiqueront de la même manière, par une ligne très-fine ou une ligne ponctuée ; mais au lieu de sabler avec la plume cette partie inondée, on mettra une légère teinte de sable & d'eau, si le lieu est inculte ; si, au contraire, il étoit fertile, on en fera le travail comme il doit être, & l'on couvrira le tout d'une teinte d'eau plus claire que celle des eaux dans leurs lits.

342. HÔTELLERIE ou AUBERGE. En plan, on la fera au carmin, comme celle, *Pl. X.* En élévation, elle sera représentée par une petite maison dessinée à l'encre, à laquelle on mettra une enseigne, *Pl. XI, deuxième colonne.* La couverture sera en vermillon, & l'enseigne en bleu.

343. INONDATIONS. Voyez *Hautes & Basses Marées* (340.)

344. JARDIN. Lieu cultivé pour l'ornement, l'utilité ou l'agrément : on le dessinera à l'encre de la chine, dans le genre de ceux du hameau de la *Pl. X.* Voyez chap. I, art. 6.

345. ILE DE MAISONS PARTICULIÈRES. On dessinera les contours au carmin, en observant de faire

CHAP. II. DE L'ARCHITECTURE MILITAIRE. 67

les lignes du côté du jour plus fines que celles du côté de l'ombre : pour le lavis, on suivra ce que nous avons dit (195). Lorsque l'on dessine la Carte des environs d'une place sur une grande échelle, on dessine chaque île en particulier, comme on les voit dans la place figurée, *Pl. IX & X*; si l'échelle est petite, on les réunit toutes en une seule, *Pl. XI*, parce qu'il n'est pas possible d'entrer dans de plus grand détail.

346. ILE DE RIVIÈRE. Espace de terre entouré d'eau : on en lavera toute l'étendue d'une teinte de verd qui s'accordera avec le ton local de la Carte. Cette teinte s'adoucira vers le milieu, ensuite on jettera irrégulièrement sur la surface de l'île, des petits arbres & des broussailles, & l'on donnera horizontalement des petits coups de pinceau avec du verd, du jaune, de la terre d'ombre, &c; telles sont les îles T de la *Pl. X*.

347. MAISON DE CAMPAGNE, MAISON DE PLAISANCE. Si c'est en plan, on la fera comme celle du hameau de la *Pl. X*, dessinée & lavée au carmin. En élévation, on figurera une petite maison ou pavillon, dont on lavera la couverture au vermillon. Voyez *Pl. XI*, *deuxième colonne*.

348. MARAIS. Lieu bas, où les eaux s'amassent pendant l'hiver & qui est souvent desséché dans l'été. On les exprime par des ondes, que l'on tracera à la plume avec de l'encre de la chine; ensuite on lavera, entre les ondes, d'une teinte de verd égale à celle des prairies, & l'on fera des herbages en manière de roseaux. Voyez le marais P, *Pl. X*.

349. MONTAGNES OU HAUTEURS. Élévation de terre au-dessus du niveau général de la campagne. Les uns les dessinent & les hachent à la plume,

E 2

& lavent ensuite par-dessus les hachures avec une demi-teinte d'encre de la chine, en donnant la teinte plus forte du côté de l'ombre. D'autres font les montagnes entièrement au pinceau avec de l'encre de la chine ; cette méthode est plus aisée, elle convient mieux aussi lorsqu'il s'agit de faire des terres labourées, des vignes, des bois & autres paysages sur ces hauteurs, parce qu'ils s'y trouvent plus nettement exprimés que parmi des hachures à la plume ; mais il est encore d'un meilleur goût de faire les montagnes & les collines d'une couleur de terre rougeâtre, que l'on rembrunit du côté de l'ombre.

350. Nous observons ici que dans le Plan, on peut se permettre de faire les montagnes en plan, c'est-à-dire, d'une manière écrasée, *Pl. X*, parce qu'on a souvent besoin de connoître toute l'étendue de leur base ; mais dans les Cartes géographiques & topographiques, il faut les faire en élévation, c'est-à-dire, en perspective, afin qu'au simple aspect de la Carte, on puisse juger de leurs différentes hauteurs. Enfin, on devroit s'habituer, même dans les Plans des places, à les faire ainsi en élévation, toutes les fois que cela sera possible, parce que c'est dans les Plans des places qu'il est nécessaire de connoître & de juger les hauteurs des des montagnes, rideaux & terrains (295, 296 & 297.)

351. MOULIN A EAU. Mécanique mue par un courant d'eau : on l'exprimera par une petite maison sur le bord d'une rivière ou d'un ruisseau, avec une roue dans l'eau dessinée à l'encre de la chine ; la couverture de la maison sera teinte en vermillon. Voyez les *Pl. XI & XII*.

352. MOULINS A VENTS, en bois ou en pierre :

CHAP. II. DE L'ARCHITECTURE MILITAIRE. 69
on les dessinera à l'encre de la chine, de la même forme que ceux représentés, *Pl. XI, deuxième colonne*. La couverture du moulin en pierre sera lavée en vermillon, & celle de celui en bois, en bistre.

353. MUR ou MURAILLE. Corps de maçonnerie en hauteur & en longueur, sur une foible épaisseur. Si l'échelle est petite, une seule ligne exprimera son épaisseur; lorsqu'elle sera grande, on fera deux lignes, & on lavera entr'elles en carmin.

354. PLACE FORTIFIÉE. Ville de guerre : dans les Cartes géographiques, les remparts de la ville & des ouvrages détachés seront exprimés par deux lignes seulement; l'une, qui marquera le revêtement, sera au carmin, si le revêtement est de maçonnerie, & à l'encre, s'il n'est que de gazon; l'autre ligne indiquant le talus intérieur du rempart, sera toujours noire & fine. On marquera aussi la contrescarpe par une ligne rouge, si elle est de maçonnerie, & noire, si elle n'est que de gazon : le chemin couvert, par une ligne noire un peu plus forte que celle du pied de son glacis, qui doit être très-fine. Voyez la ville fortifiée, *Pl. XI, première colonne*.

355. PONT DE PIERRE OU DE BOIS. Voyez (279).

356. POTEAU qui marque les limites des seigneuries & des propriétés : on les dessinera à l'encre de la chine, observant d'y mettre, vers le haut, un petit écusson qu'on lavera en bleu.

357. POTEAU avec bras, pour indiquer les chemins, se dessinera à l'encre de la chine, comme on les voit dans les *Pl. X & XI, quatrième colonne*, en y mettant autant de bras qu'il y a de chemin à enseigner.

358. PRAIRIES. Pièces de gazon. On fera les

pointes des herbes par de petites lignes courbes assemblées en faisceaux inégaux, avec une légère teinte d'encre de la chine, ensuite on passera une teinte claire de verd, mais il faut que le tout soit léger. Voyez la prairie, *Pl. X* & (74).

359. PRIEURÉ. Voyez *Abbaye* (301) : au lieu d'une crosse, on n'en fera qu'une demie, comme nous l'avons représenté *Pl. XII, première colonne.*

360. PUITS. Cavité creusée jusqu'à l'eau, souvent circulaire, construite en maçonnerie dans son pourtour & servant à se procurer de l'eau dans tous les lieux. On en trace le pourtour au carmin, par deux cercles assez fins qu'on lave en rouge, & le milieu s'emplit d'une couleur d'eau. Voyez A, *Pl. I.*

361. RAVINS. Chemin creux & tortueux, que l'écoulement rapide des eaux trace dans la pente des montagnes. On les dessinera à la plume ou au pinceau, en observant de faire le trait du côté de l'ombre plus fort que celui qui reçoit le jour, ensuite on fera une petite ombre à côté du gros trait. Voyez les ravins U, *Pl. X*.

362. RIDEAU. Pli d'un terrain dans une plaine & berge au long d'un chemin. Voyez *Chemin & Montagnes* (314, 349).

363. RIVIÈRE. Voyez *Canal*. On renfermera son lit par deux lignes noires, dont celle qui reçoit le jour sera fine, & celle qui porte ombre sera plus grosse ; on le lavera ensuite avec de la couleur d'eau, en conservant sur les bords la force de la teinte, que l'on adoucira vers le milieu, si la rivière se trouve de largeur à pouvoir le faire ; sinon on le lavera tout uni. Voyez la rivière des *Pl. IX & X*.

364. RUISSEAU. On le fera, comme une rivière, si la largeur de son lit le permet, sinon on ne fera

CHAP. II. DE L'ARCHITECTURE MILITAIRE. 71

qu'un seul trait. Voyez les ruisseaux de la *Pl. X.*

365. SENTIER. Voyez *Chemin* (314). Petit chemin de dix-huit à vingt pouces de large, tortillant à travers les prés, les terres, les vignes, &c. On l'exprime par une seule ligne fine, à l'encre de la chine, en observant de faire avec goût, de distance en distance, des bouts de haie & des petites broussailles, comme le sentier Q, *Pl. X*, qui va du hameau au bac, & *Pl. XI, troisième colonne.*

366. TERRES LABOURÉES ET LABOURABLES. Terres cultivées à la charrue pour les semences des grains.

367. Il y a trois choses essentielles à observer dans la manière de faire les terres labourées :

1.° De ne point sillonner toutes les pièces de terre dans un même sens, & de prendre garde, en voulant éviter ce défaut, de tomber dans l'excès opposé en les faisant alternativement dans un sens contraire, ce qui fait ce qu'on appelle le *panier d'osier ;*

2.° D'éviter que les pièces de terre voisines & contigues soient de même forme & de même grandeur, si ce n'est que très-rarement & par intervalle;

3.° Enfin de ne point les arranger trop symétriquement, ce qui est affecté & monotone.

Nous pensons que la meilleure méthode à suivre & que la meilleure manière de procéder pour arriver à un résultat qui satisfasse & le goût & la vérité, est celle que nous allons expliquer.

Après avoir divisé les diverses pièces, d'après les observations que nous venons de faire, on fera les sillons des terres labourées avec le crayon noir, par des traits fins, mais fermes & parallèles entr'eux. Sur les côteaux, on leur donnera une courbure qui suivra à peu-près la convexité du terrain, & au pied des côteaux, pour indiquer le vallon, on fera la courbure dans un sens contraire. Mais, comme dans la campagne, il y a toûjours pendant l'été des terres qui sont en herbes, c'est-à-dire, en blé verd; d'autres, dont les épis sont prêts à sécher; d'autres labourées seulement & qui se reposent; d'autres enfin qui sont en friches, il en résulte une variété de tons & de couleurs qu'il est à propos d'imiter, autant qu'il est possible. Pour cela faire, après avoir tracé au crayon les sillons des pièces de terre, comme nous l'avons dit ci-dessus, on donnera sur chaque trait un petit coup de lavis de la couleur qui conviendra à chaque pièce de terre, mais il faut le donner très-légèrement, & l'adoucir d'un côté : 1.° pour les pièces de terre en blé verd, on se servira de verd clair; 2.° pour celles dont les blés sont mûrs, d'une teinte claire de gomme-gutte : cette teinte représente aussi les navettes qui sont en fleurs; 3.° pour celles qui se reposent, d'une teinte de brun rougeâtre; 4.° enfin pour les terres en friches, on en lavera toute l'étendue avec une teinte claire de verd, & au lieu de sillons, on y fera avec une demi-teinte d'encre de la chine, légèrement & par intervalle, des petites broussailles, ainsi qu'au pied de quelques pièces de terre. On peut aussi y faire des bouts de haie, selon que le Pays en est plus ou moins couvert. Voyez les terres labourées de la *Pl. X*.

368. VILLAGE. Voyez *Bourg* (306), si c'est en plan; mais si c'est en élévation, on l'exprimera par trois maisons & une église avec un clocher à flèche qu'on lavera en bleu; la couverture de l'église aura une teinte de vermillon, comme les maisons.

CHAP. II. DE L'ARCHITECTURE MILITAIRE. 73

Voyez *Pl. XI* pour les Cartes topographiques, & *Pl. XII* pour les Cartes géographiques.

369. VIGNES. Espace de terrein planté de vignes : chaque cep s'exprimera par une ligne droite, & une autre courbe en zigzag arrondi, pour imiter l'échalas & les branches qui tournent à l'entour. On y ajoutera un petit coup de pinceau de verd assez vif, mais fin. Voyez les vignes de la *Pl. X*.

370. VILLE. Amas considérable de maisons, fermé ordinairement de murailles & de fossés; soit qu'elle soit fortifiée ou qu'elle ne le soit pas, il est d'usage dans les Cartes de la représenter en plan avec des fortifications, ou avec une simple enceinte & des tours indiquées par une forte ligne rouge qui aura à peu-près le contour de la ville; au-delà à l'extérieur, une ligne fine à l'encre marquera le fossé. Voyez l'article précédent, les *Pl. XI & XII*, & (167).

ARTICLE VIII.

MANIÈRE d'exprimer les divers ouvrages du Siège d'une Place. Planche XIV.

371. LES travaux que font les assiégeans pour se rendre maître d'une place, peuvent se distinguer en général ou en détail.

372. En général, c'est-à-dire, s'il n'est question que de voir le chemin de la tranchée, depuis son ouverture jusqu'à la reddition de la place.

373. On met du jaune dans tous les travaux, en observant de le mettre plus fort dans les épaisseurs des parapets, des batteries & dans les épaulemens que dans la tranchée.

374. On marque le nombre des pièces de canon qui sont à chaque batterie, par celui des embra-

sures qu'on fait dans leurs parapets; & le nombre de mortiers qui sont en batterie, par autant de petits ronds qu'on met derrière leur épaulement.

375. Si l'échelle du Plan est si petite qu'on n'y puisse faire les embrasures, on y supplée en mettant à chaque batterie, un chiffre & une lettre qui marque le nombre de bouches à feu : en cette sorte, 6 c, 4 m, pour dire six canons, quatre mortiers ; ou mieux encore, on fait un renvoi à la légende du Plan.

376. En détail, c'est-à-dire, où l'aspect seul du Plan indique le travail fait nuit par nuit, les parapets sont tous détaillés ; les lignes de feu, les brêches & les mines y sont indiquées. L'échelle des Plans, sur lesquels doivent s'exprimer toutes ces sortes d'ouvrages, ne doit pas être moindre d'un pouce pour cent toises, ni plus grande d'un pouce pour trente-six toises.

377. Les tranchées s'expriment par deux lignes noires parallèles, observant de faire celle du côté de la place plus grosse que l'autre, qui doit être très-fine ; la grosse ligne marque comme aux retranchemens (409), le côté où l'on jète les terres que l'on tire de la tranchée, qui est toujours celui du côté de la place. Dans un Plan fait avec soin, on exprime encore plus fortement le côté où les feux sont à craindre ; on met au long du gros trait, en-dehors de la tranchée, une teinte étroite d'encre de la chine ou de jaune, pour en mieux faire ressortir le parapet. Les tranchées ont ordinairement douze pieds de largeur ; celles par où doit passer l'artillerie, en ont jusqu'à vingt-cinq.

378. Les boyaux que l'on fait pour communiquer d'une tranchée à l'autre, ne doivent avoir tout au plus que six pieds de largeur ; mais comme, sui-

CHAP. II. DE L'ARCHITECTURE MILITAIRE. 75

vant l'échelle, on ne pourra pas marquer cette largeur, on les fera moins larges que les tranchées.

379. Aux batteries de canon, on fera un parapet de dix-huit pieds d'épaisseur percé d'embrasures; on lavera seulement les merlons d'une teinte de gomme-gutte, laissant les embrasures toutes blanches, comme aux autres batteries; si l'on veut, on tirera une ligne parallèle à trois toises de distance du parapet, pour marquer la platte-forme de la batterie.

380. Pour les batteries à mortier, elles se représentent comme les précédentes, à l'exception qu'on ne leur donne point d'embrasures; on fait de petits zéros sur la platte-forme, pour les distinguer des batteries de canon, & pour en désigner en quelque que façon les mortiers. Voyez la *Pl. XIV.*

381. Les épaulemens que l'on fait pour couvrir la cavalerie, ne sont autre chose qu'un parapet de dix-huit à vingt pieds d'épaisseur, que l'on dessine à l'encre de la Chine, & qu'on lave d'une teinte entière de gomme-gutte; mais comme ces épaulemens sont assez élevés, il leur faut marquer un talus en-dehors par une ligne noire très-fine, parce qu'ils sont assez sensibles sur un Plan, dont l'échelle est d'une ligne pour trois toises : on ne lave rien à ce talus.

382. Lorsqu'il y a une forte garnison dans la place assiégée, les assiégeans font des redoutes qu'on dessine à l'encre de la chine, & dont l'enceinte n'est aussi qu'un parapet lavé d'une teinte de gomme-gutte, le fossé reçoit une demi-teinte de la même couleur.

383. Les sapes se marquent & se lavent comme les tranchées, ainsi il n'y a nulle différence pour le dessin.

384. Lorsqu'on fait des mines ou des fourneaux, on indiquera l'entrée par un petit zéro, que l'on emplit de noir; les mines & fourneaux se marquent par des lignes ponctuées en noir.

385. Le passage du fossé pour attacher le Mineur, s'exprime par une traverse qu'on lave d'une teinte entière de jaune.

386. Les brêches faites par le canon ou par la mine se dessinent à la plume ou au pinceau; on les lave d'une demi-teinte de gomme-gutte.

387. Enfin les tranchées que les assiégés font dans les ouvrages & dans la place, s'expriment par un parapet, au-devant duquel est un fossé qu'on lave d'une demi-teinte de gomme-gutte; le parapet sera lavé d'une teinte entière.

388. Il est des cas où ces détails ne suffisent pas; si l'on vouloit, par exemple, que l'aspect du Plan fit voir l'avancement & les progrès de la tranchée nuit par nuit, on y procède ainsi: on met du jaune dans le travail qui a été fait la première nuit, du rouge dans celui de la seconde, du bleu dans celui de la troisième, &c., & quand on aura employé un certain nombre de couleurs, on reviendra au jaune, couleur de la première nuit, que, pour distinguer du premier, on surchargera d'un travail particulier, comme, par exemple, de points, de hachures en diverses sens, &c.

389. Indépendamment des couleurs & des travaux qui désignent les nuits, on peut faire dans un coin du Plan une légende de petits espaces parallèles, entre lesquelles on met les couleurs du travail des nuits, & l'on écrit à côté de chacun d'eux, *première nuit, deuxième nuit, troisième nuit, &c.*

390. Les parapets des batteries se remplissent ordinairement d'encre ou de jaune; mais il seroit

plus à propos d'y mettre la couleur de la nuit, où ils ont été faits ou commencés.

391. Lorsqu'on a mis toutes les couleurs qui conviennent, tant dans les batteries que dans les tranchées, on tire de chaque embrasure des batteries de canon, des lignes très-fines en carmin, qu'on nomme *lignes de feu*, qui font voir l'objet des batteries.

ARTICLE IX.

Des armées campées & en bataille, de leurs mouvemens & de l'artillerie. Pl. XIII.

392. On peut avoir besoin d'exprimer sur une Carte les armées campées ou en bataille & de faire connoître leurs mouvemens successifs. Nous observons qu'on ne peut guère exprimer ces détails que sur une Carte, dont l'échelle est de trois lignes pour cent toises, à cause de la grande étendue de terrain qu'occupe souvent une armée.

393. Une armée campée ou en bataille peut se représenter de trois manières différentes, suivant la grandeur de l'échelle; quand l'échelle est petite, les deux aîles & le centre de chaque ligne, ainsi que le corps de réserve, se font chacun d'une seule masse, tant de l'infanterie que de la cavalerie, sans aucune distinction de demi-brigade, de bataillons, de régimens, ni d'escadrons, *Pl. XIII.*

394. Ces masses peuvent être divisées en demi-brigades, régimens, bataillons ou escadrons, par des petits traits en travers de la ligne, comme l'aîle droite de la première & de la deuxième ligne de la même armée, *Pl. XIII.*

395. On peut encore, quand l'échelle est grande, distinguer les demi-brigades, régimens, bataillons ou escadrons, & laisser entre chacun d'eux une

petite distance ou intervalle. Cette troisième manière, quoique plus détaillée, présente moins de facilité pour juger, au premier coup-d'œil, le nombre de demi-brigades & de régimens qui composent chaque aîle; pour le bien saisir, on est obligé de les accoler, comme on le voit *Pl. XIII.* C'est aussi ce qui fait préférer la deuxième manière, comme beaucoup plus simple.

396. Les armées en bataille se distinguent des armées campées, par le placement du drapeau & de l'étendard; aux armées en bataille, le drapeau ou l'étendard touche le bataillon ou l'escadron : quand les armées sont campées, ils sont placés en avant d'environ trois toises. Voyez *Pl. XIII.*

397. Les différens corps des armées se distinguent particulièrement par le drapeau & l'étendard; les bataillons d'infanterie portent un grand drapeau, les escadrons de cavalerie, un étendard quarré plus petit que le drapeau de l'infanterie; & les dragons, un étendard en forme de girouette. Voyez *Pl. XIII.*

398. Les différens corps de troupes se distinguent par des couleurs différentes; par exemple, l'infanterie en jaune, la cavalerie en bleu, les dragons en rouge, les hussards & chasseurs en vert. Les corps qui sont partie à cheval & partie à pied, se font jaune & bleu, ou jaune & rouge, ou vert, suivant qu'ils sont cavaliers, dragons, hussards ou chasseurs.

399. Les gardes en avant du camp seront exprimées par de petits quarrés, dans lesquels on mettra la couleur des troupes qui les composent, & les drapeaux ou étendards qui leur conviennent (398).

400. Quand on veut entrer dans de plus grands détails, on divise les bataillons & les escadrons en deux parties par une diagonale; dans l'une, on

CHAP. II. DE L'ARCHITECTURE MILITAIRE. 79

met la couleur de l'habit uniforme, dans l'autre, celle du parement : de sorte que si l'uniforme du régiment est habit bleu & parement rouge, le bataillon ou l'escadron sera moitié bleu & moitié rouge. Il n'y a aucune utilité d'entrer dans un semblable détail, car beaucoup de régimens ont le même uniforme aux poches & aux boutons près. Alors les couleurs que l'on peut mettre ne peuvent rien distinguer ; elles deviennent donc inutiles.

401. Les bataillons sont ordinairement campés sur cent pas de front, & dix-huit à vingt de profondeur, à compter depuis le front de bandière jusqu'aux cuisines ; c'est pourquoi on les fait oblongs. Mais comme les escadrons occupent un terrain d'environ vingt-cinq toises de chaque côté, on les fait presque carrés. Voyez *Pl. XIII.*

402. Les camps que les troupes occupent auprès d'une place s'expriment de même que ceux qu'elles occupent en pleine campagne, pour y attendre ou pour y chercher l'ennemi. On distingue les différens corps, comme nous venons de le dire, tant par les couleurs que par les drapeaux & étendards (398, 400). C'est dans les armées campées près des places, qu'on observe ordinairement les intervalles de distance entre les bataillons & les escadrons (395), sur-tout lorsqu'ils se trouvent placés à certaine distance les uns des autres.

Des mouvemens des armées & de l'artillerie.

403. Les mouvemens des troupes & des armées se marquent par des lignes ponctuées, ainsi que leurs diverses positions, soit en station, soit en action devant l'ennemi ; il n'y a que leur dernière position que l'on trace en ligne, comme nous l'avons expliqué ci-dessus.

404. La marche d'une armée, du camp d'assemblée à celui qu'elle va occuper ensuite, s'exprime par autant de lignes qu'il y a de colonnes sur lesquelles elle marche ; par exemple, si une armée, en quittant son premier camp, marche sur sept colonnes, savoir : l'infanterie sur trois, la cavalerie sur deux, les dragons sur une, l'artillerie sur une autre ; les marches de chacune de ces colonnes, ou le chemin qu'elles font, soit en ligne droite ou courbe, soit en zigzag, se trace très-exactement en lignes ponctuées, & de la couleur qui désigne les corps qui y passent ; savoir : jaune pour l'infanterie, bleu pour la cavalerie, & rouge pour les dragons. Les chemins de l'artillerie se traceront aussi en jaune, comme ceux de l'infanterie, avec la différence qu'on y fait des canons de distance en distance, principalement au point de station.

405. L'artillerie se représente dans les camps & sur les marches des armées par des pièces de canons, qui s'expriment comme il suit : quatre pièces de canons, par exemple, quatre petites lignes rangées parallèlement sur le même alignement, seront les quatre canons ; à droite & à gauche de chacune d'elle, deux autres lignes plus fines & plus longues par en bas, seront les affûts ; les roues des affûts, seront d'autres lignes plus courtes, placées extérieurement à droite & à gauche. Au reste les canons *Pl. XIII*, plus détaillés que ceux dont nous parlons, serviront non-seulement à faire comprendre ce que nous venons de dire, mais encore à en faire sur une grande échelle.

406. Les caissons, aussi exprimés sur la *Pl. XIII*, feront voir comment on les représente, parce qu'il arrive quelquefois qu'on les met à la suite des canons.

CHAP. II. DE L'ARCHITECTURE MILITAIRE. 81

407. On ne rend aucun compte sur les Plans des avant-trains ni des pontons, parce qu'il n'est question de voir sur le Plan, que l'emplacement du parc & le mouvement de l'artillerie. D'ailleurs, la représentation de tous les équipages de l'artillerie ne seroit d'aucune utilité, & l'on seroit au moins aussi long-temps à les dessiner, qu'à faire tout le reste du Plan.

Des camps retranchés.

408. POUR être plus à l'abri des surprises de l'ennemi, il arrive souvent qu'entre lui & le camp, on forme un retranchement, qu'on appelle aussi *ligne de défense;* ce retranchement, ou ligne de défense, est composé de bastions, de redans, de crochets, de flêches, redoutes & petits forts en avant. Voyez *Pl. XIII.*

409. Chacun de ces objets s'exprime par deux lignes parallèles, dont l'une est beaucoup plus grosse que l'autre; c'est celle qui regarde l'ennemi, & qui représente le parapet formé des terres tirées du fossé, que l'on exprime aussi par une petite ligne au-delà du parapet du côté de l'ennemi : on peut se dispenser d'indiquer le fossé, comme nous l'avons fait *Pl. XIII.* Si les forts que l'on construit en avant sont d'une certaine importance, & qu'ils ayent des glacis, on pourroit les exprimer en lignes ponctuées, comme au fort à étoile de la *Pl. XIII.*

ARTICLE X.

MANIÈRE d'exprimer les Troupes auxiliaires dans une armée. Planche XX.

410. APRÈS avoir donné la manière de connoître dans les dessins les armées campées & celles qui sont rangées en bataille, il est bon de donner

F

aussi le moyen de distinguer dans ces dessins les troupes auxiliaires qui composent une armée; ce qu'on pourra faire par des couleurs différentes pour chaque nation de l'Europe.

411. La Planche XX étant un tableau des couleurs maintenant adoptées, pour représenter les troupes des puissances européennes, nous sommes dispensés d'entrer ici dans de plus grands détails à cet égard.

Article XI.

Ordre à suivre pour la formation du Tableau des renvois d'une place.

412. Dans les Plans en entier des places, on doit toujours marquer les pièces de fortification par des chiffres; mais les bâtimens, comme les magasins à poudre, les arsenaux, les casernes & autres bâtimens appartenans au gouvernement doivent être marqués par des lettres alphabétiques, pour éviter la confusion & le grand nombre de chiffres, qui empêchent de trouver promptement une pièce de fortification dans un Plan en entier, sur-tout lorsqu'elles sont en grand nombre.

413. Quand toutes les lettres de l'alphabet sont employées, après s'être servi des *majuscules*, on se servira de *lettres romaines*, & même des *italiques*.

414. Pour éviter le grand nombre de chiffres, il ne faut point coter les courtines, les places d'armes, les chemins couverts, ni aucune partie de la contrescarpe; & lorsqu'on aura besoin d'indiquer ces parties dans quelques mémoires, on dira *la courtine entre* 1 *&* 2; de même, *la place d'armes de l'angle saillant de la contrescarpe du bastion* 3, *ou de la demi-lune* 4, *ou l'angle rentrant de la contrescarpe entre le bastion* 3 *& la demi-lune* 4.

415. A l'égard des autres choses qui ne concernent point la fortification, qui peuvent se trouver aux environs des places, comme *hameaux*, *fermes*, *maisons de campagne*, &c.; on en écrira le nom auprès, comme l'on peut voir dans la *Pl. X*.

416. On observera que toutes ces différentes pièces, soit qu'elles soient marquées par des chiffres ou par des lettres, doivent être rangées vers un des côtés du Plan, ou des deux côtés, s'il est nécessaire, dans une marge d'environ trois à quatre pouces de largeur, suivant l'ordre naturel des nombres, en commençant par un bout de la principale enceinte de la place, & finissant par l'autre bout qui le joint, observant d'y comprendre les demi-lunes de chaque front; c'est-à-dire, qu'après avoir coté le premier bastion d'un front, on cotera la demi-lune de ce front, & ensuite l'autre bastion du même front, en continuant de même dans toute l'enceinte; s'il y a une citadelle qui tienne à la ville, on cotera ses pièces en tournant autour pour aller joindre l'autre côté de l'enceinte de la ville; & enfin s'il y a une fausse braye ou une double enceinte, on continuera à en coter les pièces, en commençant où l'on aura fini la principale enceinte, & en suivant toujours le même ordre. On en fera de même pour les ouvrages avancés, pour les citadelles détachées de la place & autres forts, s'il y en a, en faisant de toutes ces choses des articles que l'on distinguera par des titres.

ARTICLE XII.

DES CARTES GÉOGRAPHIQUES.

417. LES Cartes géographiques sont toujours faites sur des échelles extrêmement petites, comme, par exemple, d'un pouce pour une, pour trois ou

pour quinze lieues. Il en résulte que les objets y sont infiniment moins détaillés que dans les Cartes topographiques, ainsi ce que nous avons dit (295), pour l'effet fuyant & de relief ne peut y avoir lieu. Cependant on lavera toujours le lit des rivières, les ruisseaux, les étangs & les parties de mer, d'une couleur d'eau. Les montagnes se feront en élévation.

418. La plupart des objets qui désignent les jurisdictions & prérogatives des villes, les degrés de noblesse, &c. ont été inventés par les Géographes; quelques-unes sont parlantes, pour les choses qu'elles représentent, les autres sont de fantaisie. Nous rapporterons celles qui sont le plus généralement usitées.

419. On nomme *position*, dans les Cartes géographiques, tous les points que l'on peut lever géométriquement; & pour avoir une Carte bien juste, on n'en doit négliger aucuns. Ces *positions*, sont les villes, les bourgs, les villages, les hameaux, les métairies, les châteaux, les abbayes, les prieurés, les commanderies, les chapelles, les maisons de campagne, les moulins à eau & à vent, les fours à chaux, à briques & à tuiles, les carrières, les fontaines, c'est-à-dire, leurs sources, les arbres de remarque, les croix de pierre & de bois, les poteaux & bornes qui marquent les limites des finages & des seigneuries, auxquels sont ordinairement attachées les armoiries du Seigneur de la terre, les poteaux avec des bras, que l'on nomme *guidons*, qui indiquent les chemins, les gibets & les grands coudes des rivières & des chemins; lesquels points de position servent à placer le paysage, qui consiste, savoir: en montagnes, côteaux ou rideaux, vallées, forêts, prairies, terres labourables, vignes, marais-salans, jardins, allées d'arbres, haies, buis-

CHAP. II. DE L'ARCHITECTURE MILITAIRE. 85

sons, chaussées, digues, levées ou turcies, dunes, rivières, ruisseaux, étangs, & enfin en chemins & en sentiers.

420. Au surplus, on écrira très-exactement les noms propres de chaque ville, bourg, &c. auprès de la position même ; on écrira aussi ceux des rivières, des ruisseaux & autres.

421. Nous expliquerons dans les articles suivans, de quelle manière on doit représenter chaque objet, & dans quel détail on doit entrer pour chaque Carte, tant pour les positions que pour le paysage, & l'on verra dans les Planches la façon d'exprimer toutes ces choses en petit.

422. Pour revenir aux significations des notes ou marques (*Pl. XII*) que l'on emploie dans les Cartes, nous dirons que les deux premières, qui sont deux couronnes, l'une fermée & l'autre ouverte, sont propres pour marquer, l'une les Empires & l'autre les Royaumes, dans les cartes qui contiennent quelqu'une des quatre Parties du Monde ; pour cet effet, on les placera dans le cœur du Royame ou de l'Empire, ou auprès de la Capitale, autant qu'il sera possible.

423. La troisième, qui représente deux clefs en sautoir, dénote les fiefs de l'église.

424. Les neuf suivantes signifient les dignités de l'église, soit catholique, schismatique ou protestante ; ces figures se placent toujours au bout de la flèche du clocher de l'église ou du temple.

425. Dans les trois manières de poser un ou deux sabres dans un champ de bataille, tels qu'on les voit ici, on connoît le gain ou la perte d'une bataille. On doit entendre par celui qui a la pointe en haut, la bataille gagnée pour le Prince, sur les terres duquel elle a été donnée ; par celui qui a la

F 3

pointe en bas, on doit entendre le contraire pour ce même Prince. Ainsi, par exemple, si la France gagne une bataille sur les terres de l'Empereur, il faut mettre le sabre la pointe en bas; si au contraire elle la perd, il faut mettre la pointe en haut; & lorsque la perte sera égale de part & d'autre, on mettra deux sabres qui auront la pointe en haut, si le champ de bataille est resté au Prince, sur les terres duquel la bataille a été donnée; & on fera le contraire s'il l'a perdu.

426. Pour faire connoître si une abbaye est d'hommes ou de filles, on met ensuite du nom propre de l'abbaye, les lettres majuscules A. H. si ce sont des hommes, ou A. F. si ce sont des filles, & ces deux lettres signifient abbaye de filles.

427. Notez qu'on ne doit mettre aucun trait.

DES positions pour la Carte particulière d'une place & du paysage qui l'environne.

428. Nous avons expliqué, articles 6 & 7, de quelle manière & dans quel goût on doit dessiner les positions dans la Carte particulière d'une place; il est bon de dire ici que lorsqu'on n'aura pas tout le temps nécessaire pour lever le Plan des bourgs & villages avec leurs rues, on pourra les représenter en élévation, de la manière qu'ils le sont dans la *Pl. XI*. Alors il sera plus convenable de faire aussi en élévation, & dans le goût que nous avons dit, les hameaux, les métairies, les châteaux, les abbayes, les prieurés, les chapelles, les commanderies, les maisons de campagne & autres que l'on trouve sur les chemins, comme des petits cabarets & hôtelleries.

429. A l'égard des autres positions, comme moulins à vent & à eau, fours à chaux, à briques & à

CHAP. II. DE L'ARCHITECTURE MILITAIRE. 87
tuiles, carrières, croix, poteaux & bornes marquant les limites des finages & des seigneuries, & ceux qui enseignent les chemins, les arbres de remarque & les gibets, ils doivent toujours être dessinés en élévation, dans le goût que nous avons recommandé, articles 6 & 7, & tels qu'on les voit dans la *Pl. XI*.

430. Pour les ponts, bacs, gués, écluses & digues, on ne peut pas les représenter autrement qu'ils ne sont exprimés & figurés dans la même *Pl. XI*. On écrira très-exactement les noms des positions auprès de leur figure.

431. Au surplus, nous renvoyons pour chacun des objets, à ce que nous avons dit articles 6 & 7, en observant qu'on ait soin de voir en même temps la *Pl. XI*.

DES positions pour la Carte particulière d'un canton ou d'une Sous-Préfecture. Planche XII.

432. DANS la Carte particulière d'un canton, on doit entrer dans le détail qui suit.

433. Il sera toujours mieux de mettre la ville du canton en Plan, plutôt qu'en élévation, afin de la distinguer comme la principale ville de la Carte, & qu'elle frappe davantage à la vue pour la trouver promptement.

434. On la représentera donc par une simple enceinte avec des petites tours rondes & quarrées; mais lorsqu'elle sera fortifiée, on fera, au lieu de tours, des petits bastions, observant d'en mettre le nombre effectif, autant que cela se pourra; ensuite on y placera les petites notes ou figures de la *Pl. XII*, qui seront nécessaires pour en faire connoître les juridictions & les prérogatives, & l'on écrira aussi le nom de la ville en lettres majuscules.

F 4

435. A l'égard des autres villes, s'il s'y en trouve, on les représentera par deux petites tours & une figure ronde entre les deux, à leur pied, comme il est aisé de le voir sur la même *Pl. XII*.

436. Les bourgs seront exprimés par une petite tour & une figure ronde à côté de son pied.

437. Les villages seront marqués par une petite tour seulement.

438. Les hameaux, par un petit quarré.

439. Les métairies, par un petit triangle.

440. Les châteaux, par une petite figure ronde, sur laquelle sera une girouette ; & ceux fortifiés, seront distingués par un petit quarré posé sur un de ses angles, & par la girouette sur celui d'en haut.

441. Les abbayes, par une petite figure ronde & une crosse au-dessus.

442. Les prieurés, par une même figure ronde, un bâton de Prieur au-dessus.

443. Les commanderies, par un petit triangle & une croix sur l'angle.

444. Lorsque les châteaux, les abbayes, les prieurés, les commanderies & les chapelles seront ruinés, & que les fonds en seront éteints, l'on observera de faire pencher les petites marques qui les distinguent les uns des autres, comme on le voit dans la *Pl. XII*.

445. Les moulins à vent seront marqués par un petit triangle & quatre aîles au-dessus.

446. Les moulins à eau seront exprimés par une petite roue dentelée au milieu de la rivière, du canal ou du ruisseau.

447. Les gibets seront dessinés au naturel, tels qu'ils seront, soit doubles, triples ou quadruples. Voyez *planche XI*.

448. Les rivières seront marquées par deux lignes noires, dont l'une sera très-déliée, & l'autre un peu plus grosse, & parallèles dans leurs sinuosités, qu'on remplira de couleur d'eau.

449. Les canaux se marquent par deux lignes parallèles à la règle, dont une doit être très-déliée, & l'autre un peu plus grosse, observant d'en marquer les coudes, s'il y en a; & on les remplira aussi de couleur d'eau.

450. Les lacs, les étangs & les montagnes considérables seront dessinés & lavés, comme nous l'avons expliqué dans les articles 6 & 7.

451. Enfin, on marquera les terres ou limites du canton par des points ronds, pour en faire voir l'étendue, & l'on orientera la Carte, comme nous le dirons (486).

452. Voilà tout ce qu'on peut mettre dans la Carte d'un canton, tant pour le paysage que pour les positions.

NOTA. 1.° Qu'il ne faudra pas oublier de mettre dans un coin de la Carte, l'explication des notes ou marques, avec l'échelle au dessous.

2.° De mettre les noms des villes en lettres majuscules, observant que ces lettres soient un peu plus grandes pour la ville principale que pour les autres, s'il s'y en trouve; ceux des bourgs en lettres romaines; & ceux des villages en lettres italiques, de même que ceux des hameaux, des métairies & autres, à l'exception qu'ils seront d'un caractère un peu plus petit que celui des villages: le tout afin que l'on puisse distinguer par le caractère des lettres, aussi bien que par la figure, une ville d'un bourg, un bourg d'un village, &c.

3.° De marquer le courant des rivières, des ruisseaux & des canaux, par une petite flèche que l'on joindra auprès, & d'écrire leur nom.

Des positions pour la Carte d'une Province, d'un Département ou d'une Préfecture. Pl. XII.

453. Voici dans quel détail on doit entrer pour ces sortes de Cartes.

454. Il sera toujours mieux de mettre la ville capitale de la Province ou du Département en flanc, & on en écrira le nom en lettres majuscules.

455. A l'égard des autres villes, les plus considérables seront représentées par trois petites tours & une figure ronde au pied de celle du milieu, qui doit être un peu plus haute que les deux autres ; & celles moins considérables par deux tours seulement, & une petite figure ronde entre les deux à leur pied.

456. Les bourgs, par une tour, avec la petite figure ronde à côté de son pied.

457. Les villages, par une tour seulement.

458. Les châteaux, par une petite figure ronde, & une girouette dessus.

459. Les châteaux fortifiés, par un petit quarré posé sur un de ses angles; & une girouette dessus l'angle opposé.

460. Les abbayes, par une petite figure ronde & une crosse au dessus.

461. Les prieurés, par une pareille figure ronde & un bâton de Prieur dessus.

462. A l'égard du paysage, on n'y mettra que les montagnes & les forêts les plus considérables par leur étendue.

463. On ne marquera que les rivières & non les ruisseaux; les grandes par deux lignes, & les petites par une seulement, les lacs & les canaux.

464. On enfermera les divisions qui seront comprises dans la province, par des points ronds, &

CHAP. II. DE L'ARCHITECTURE MILITAIRE. 91
on marquera les limites de la province par des longs.

465. Enfin, on joindra aux positions où il sera nécessaire, les notes ou marques de la *Pl. XII*, qui leur conviendront, pour en faire connoître les jurisdictions & les prérogatives; & l'on mettra dans un coin de la Carte, comme nous l'avons dit ci-devant, l'explication des notes, avec l'échelle de la Carte au bas.

DES positions pour la Carte d'une République, d'un Empire ou d'un Royaume. Pl. XII.

466. Dans les Cartes dont l'échelle n'est que d'un pouce pour quinze lieues, on ne peut guère entrer dans un plus grand détail que celui qui suit.

467. Les villes fortifiées & la capitale seront dessinées en Plan, & leur nom sera écrit en lettres majuscules, observant que celles de la capitale soient d'un caractère plus grand que celles des autres villes.

468. La capitale de chaque province sera exprimée par deux petites tours avec une figure ronde entre les deux & à leur pied. Leur nom sera écrit d'un caractère un peu plus gros que ceux des autres villes.

469. Enfin les autres villes seront marquées par une petite tour & une figure ronde à côté de son pied; & leurs noms seront écrits en lettres romaines.

470. Dans les villes où il y a évêché, on marquera une croix au bout de la flèche du clocher; & si c'est un archevêché, on mettra une double croix, comme il est aisé de voir dans la *Pl. XII*.

471. A l'égard du paysage, l'on ne mettra que les montagnes & les forêts les plus considérables.

472. On marquera les grandes rivières, par deux

lignes parallèles dans leurs sinuosités, & les petites rivières, par une ligne seulement.

473. On marquera aussi les lacs & les canaux, sur lesquels il y a des écluses.

474. On terminera les frontières de l'empire ou du royaume & des états voisins, par des points longs; & les préfectures, départemens ou provinces, par des points ronds.

ARTICLE XLII.

DES CARTES MARITIMES.

475. Dans une Carte maritime, il n'est pas nécessaire d'entrer dans de grands détails pour le travail des objets géographiques, une simple indication des montagnes, des rivières & des villes principales est suffisante.

476. Mais il faut que les sinuosités de la côte y soient exactement tracées.

477. Dans les ports de mer, on marquera par des chiffres, dans les endroits où il sera nécessaire, le nombre de brasses, ou profondeur d'eau qui reste à basse mer dans les pleines lunes des équinoxes.

478. Les bancs de sable seront pointillés, & lavés comme les autres sables (262).

479. Ce qui sera vase sera lavé en noir.

480. Les rochers qui ne couvrent jamais, seront lavés en rouge.

481. Les rochers qui couvrent & découvrent, seront exprimés par une croix rouge.

482. Ceux qui ne découvrent jamais, seront marqués par une double croix; & lorsque ces rochers seront près de terre, on pourra les aligner par quelques points fixés sur terre, d'où les lignes qui passeront par ces points, formeront une angle dont le sommet viendra rendre à l'endroit du rocher.

CHAP. II. DE L'ARCHITECTURE MILITAIRE. 93

483. Les endroits où l'on peut mouiller, seront marqués par de petites ancres.

484. Les routes d'un lieu à un autre, seront exprimées par deux lignes parallèles ponctuées & très-fines en noir.

485. Enfin des boussoles seront placées de distance en distance dans la mer, de manière à ce que les vents principaux les traversent dans leur direction ; les rumbs des vents y seront tracés, de manière à ce que de quelque lieu qu'on soit, on puisse juger de la direction de chacun d'eux : ils seront tous tirés jusqu'au bord de la mer.

ARTICLE XIV.

De la Boussole, qui sert à orienter les Cartes & les Plans. Planche XI.

486. La boussole qui sert à orienter les Cartes & les Plans, sera dessinée de l'une des cinq manières marquées dans la *Pl. XI*, & sera placée dans quelque coin de la Carte ou du Plan ; & lorsque dans l'un ou dans l'autre, il y aura quelque partie de mer, il sera mieux d'y placer la boussole ; alors on tirera de toutes les divisions de cette boussole, des lignes au bord de la mer.

487. Cette boussole marque les quatre points cardinaux du monde, qui se nomment sur terre, *orient, occident, septentrion & midi.*

488. Sur la mer océane, *est, ouest, nord & sud.*

489. Et sur la mer méditerrannée, *levante, ponente, tramontana & ostro.*

490. L'orient est opposé à l'occident, & le septentrion au midi.

491. L'est est opposé à l'ouest, & le nord au sud.

492. *Levante* est opposée à *ponente*, & *tramontana* à *ostro*.

493. Ces quatre principales parties qui se croisent à angles droits, se divisent en quatre autres, dont les noms sont composés de deux d'entre les quatre premiers.

494. La première, *fig. 4*, qui est entre le nord & l'est, se nomme *nord-est;* la seconde, qui est entre l'est & le sud, est appelé *sud-est;* la troisième, entre le sud & l'ouest, se nomme *sud-ouest;* & la quatrième, entre l'ouest & le nord, se nomme *nord-ouest*.

495. Et sur la méditerranée, la première, entre *tramontana* & *levante*, est nommée *greco;* la seconde, entre *levante* & *ostro*, est appellée *sirocco;* la troisième, entre *ostro* & *ponente*, est appellé *garbino;* et la quatrième, entre *ponente* & *tramontana*, se nomme *maestro*.

496. *Levante*, est le *levant; ponente*, qui lui est opposé, est le *couchant; tramontana*, est le *nord;* & *ostro*, qui lui est opposé, est le *midi*.

497. Dans les anciennes boussoles, *fig. 2 & 3*, la croix marque l'orient; la boule qui lui est opposée, l'occident; la fleur de lys, le septentrion; & le dard, qui lui est opposé, marque le midi.

Dans les nouvelles boussoles, *fig. 4 & 5*, le dard indique le septentrion ou le nord; & la boule qui lui est opposée, le midi ou le sud.

498. Enfin, dans les Cartes maritimes, on divise ces huit parties, en huit autres, qui font ensemble seize; & celles-ci en seize autres, qui font en tout trente-deux, que l'on nomme en général *rumbs de vent*.

499. On pourra laver les rayons des boussoles de différentes couleurs, en cette manière; savoir:

les moitiés des quatre principaux rayons en bleu, & les quatre autres en jaune; ensorte que les mêmes couleurs soient toujours opposées sur chaque moitié de rayon.

500. Au surplus, les Cartes géographiques s'orientent toujours carrément à leur bordure, c'est-à-dire, qu'elles sont tournées de manière que les quatre côtés du cadre regardent les quatre points cardinaux du monde; & le nord ou septentrion, est toujours au côté qui borne la Carte par le haut.

ARTICLE XV.

Des cadres ou bordures des Dessins. Pl. XI.

501. Pour terminer les Dessins, on leur fait une bordure autour, qui est ordinairement composée d'un gros & d'un petit trait; le gros doit être toujours en dehors, & plus ou moins large, selon que le Dessin est plus ou moins grand, parce que toutes choses demandent une certaine proportion. Le goût seul doit guider pour les diverses grosseurs des traits des bordures.

CHAPITRE III.

Des Instrumens nécessaires dans la pratique du Dessin de l'Architecture civile & militaire.

502. Nous ne prétendons pas donner ici un cours complet des formes, des proportions, de la construction & des usages de tous les Instrumens nécessaires dans la pratique du Dessin; notre seule intention est de faire connoître les avantages & les désavantages de ces Instrumens, ainsi que d'en indiquer de nouveaux : c'est dans cette vue que nous n'avons fait graver que les figures de ceux que nous avons cru mal connus, ou que nous avons fait faire pour nous-mêmes, & dont les résultats nous ont entièrement satisfaits. Quant à ceux dont le nom seul peut suffire pour les faire connoître, comme canif, porte crayon, compas, règles, pinceaux, rapporteur, compas de proportion, &c. nous nous sommes bornés aux observations que notre expérience nous a engagé de faire; les gravures superflues de ces diverses figures n'eussent servi qu'à augmenter mal-à-propos le nombre des Planches & le prix de cet Ouvrage.

ARTICLE I.

De la Table à dessiner & du Siège.

503. Une grande planche en sapin ou en hêtre, de deux mètres de long sur un de large, épaisse de douze à quinze lignes, composée dans sa largeur de trois, quatre ou cinq morceaux, assemblés à rainures & languettes, & emboîtés de chêne

par

par les deux bouts, est la table, dont on se sert ordinairement pour dessiner. Il est essentiel que cette table soit en sapin ou en hêtre, parce que, sur tout autre bois, il est très-difficile de coller le papier avec la colle à bouche, & parce que ces bois sont peut-être les seuls sur lesquels le papier ne se décolle pas, & qu'ils sont les plus doux & les plus unis sous le canif & sous le papier lorsqu'on le coupe à la règle. Cette table sera portée par des treteaux en bois de chêne, assemblés à tenons & à mortaises. La hauteur de la table doit être à peu-près celle de la hauteur du ventre du Dessinateur, c'est-à-dire, un peu plus que la moitié de la hauteur totale de la personne qui dessine *debout*. Nous croyons devoir donner pour précepte qu'il faut toujours dessiner debout : c'est la manière la plus commode, le corps étant libre dans tous ses mouvemens.

504. Cependant, si par quelques raisons, le Dessinateur ne pouvoit rester debout, il lui faudroit, afin d'être assis long-temps & à son aise, un siége ou tabouret de cinq à six pouces plus élevé que les genoux, & une table qui ait de hauteur une fois & demie celle du siége; c'est-à-dire, si le siége a vingt pouces, la table doit en avoir trente.

505. La table peut encore être portée par un pied d'assemblage en bois de chêne, afin que les tenons en soient plus solides. On ne mettra point de traverses aux pieds de la table, devant ni derrière, mais seulement par les côtés, & une dans le milieu emboîtée dans celles de côté. Cette traverse, en ajoutant de la solidité, servira encore à appuyer les pieds du Dessinateur, s'il travaille assis.

506. Si l'on avoit un très-grand dessin, qu'il fallut absolument faire en une seule partie (100);

G

par exemple, de neuf pieds de long, sur quatre à cinq pieds de large, comme il seroit impossible de le coller, il faudroit nécessairement le laisser en feuille volante que l'on feroit avancer & reculer sur la table, suivant le besoin. Pour éviter d'être à chaque instant dans la crainte & dans le danger de plisser, & même de couper son dessin, en s'appuyant l'estomac dessus, nous donnons l'exemple d'un dessus de table, *Pl. XV, fig. 6 & 7*, tellement construite qu'on pourra s'appuyer l'estomac, sans gâter le papier sur lequel on dessine.

507. Ce dessus de table des mêmes bois que ceux indiqués ci-dessus (503) sera composé, dans sa largeur, de trois à quatre morceaux emboîtés de chêne au pourtour, mais en laissant une distance BB, de huit à neuf lignes entre le dessus A & les traverses DD de devant & de derrière. Cette distance B servira à faire passer le papier C sous la table, ce qui, en débarrassant le dessus de la table, permet à l'estomac de s'appuyer sur la traverse D, à laquelle on peut & on doit donner plus d'épaisseur pour plus de solidité; on aura soin d'arrondir les arêtes EF, sur lesquelles l'estomac s'appuie. Il sera encore bon d'arrondir aussi les arêtes GH du dessus A, comme l'indiquent les lettres *gh* & EF de la coupe, *fig. 7*.

Article II.

De la glace à calquer. Planche XV, fig. 1 & 2.

508. La glace à calquer est une espèce de pupitre à charnière, qui s'incline ou s'élève à volonté; on y place le dessin qu'on veut copier, & sur ce dessin, on pose la feuille de papier sur laquelle on veut en faire la copie. On parvient à le calquer en regardant le jour à travers la glace & la feuille de

CHAP. III. DES INSTRUMENS. 99

papier, & en passant sur toutes les lignes avec un crayon, une plume, &c.; c'est-là ce qu'on appelle *calquer à la glace*. Pour fixer le papier & le dessin sur le châssis à verre, on peut se servir d'épingles à calquer (545).

509. La *fig.* 1 présente la machine entièrement développée, vue par derrière; & la *fig.* 2, est la coupe de la machine montée & vue de profil.

510. Le châssis à verre ABCD *fig.* 1, marqué LS dans la coupe *fig.* 2, aura trois pieds de haut, sur vingt-quatre à trente pouces de large, & dix à douze lignes d'épaisseur. Il sera de sapin pour être plus léger, & les quatre traverses ou planches, dont il sera composé, seront jointes avec des goujons, & collés à la colle forte.

511. Le châssis CDEF sera d'un bois doux & solide de pommier, de poirier ou de noyer; ses montans & ses traverses auront chacuns dix-huit lignes de largeur, sur six d'épaisseur : ce châssis sera assemblé à tenons & mortaises, & sera de la même grandeur que le précédent ABCD, auquel il sera attaché par deux fiches à broches ou couplets à charnières MN. Les deux montans R seront chacun élégis à moitié bois, sur leur largeur & sur leur épaisseur, pour y loger, quand la machine est pliée, le petit châssis de support GHIK dans toute son épaisseur; en conséquence, ses montans auront de largeur & d'épaisseur l'élégissement fait dans le châssis d'en bas, ils pourront être assemblés avec les traverses par entailles, à moitié bois, collés à la colle & fixés avec des points de cloux.

512. Ce châssis sera attaché derrière le châssis à verre, par deux petites chappes P & Q. On observera qu'il faut qu'il y ait des petits crans dans le fond des pièces élégies des deux montans R, comme

G 2

on le voit en T, *fig.* 2, pour arrêter le pied du chassis de support GHIK, à tel degré qu'on voudra. Enfin le verre qui doit être blanc, aura douze à dix-huit pouces de large, sur vingt à vingt-quatre de haut.

Article III.
De la Planche à coller les Dessins.

513. C'est un petit dessus de table construit sur les principes indiqués ci-dessus (503), qui ne doit être guère plus grand que la demi-feuille du grand aigle d'hollande, c'est-à-dire, d'environ deux pieds, sur deux pieds & demi. Cette planche n'aura que six à huit lignes d'épaisseur au plus ; les emboîtures qui seront en chêne, ne devront avoir que dix-huit à vingt lignes de largeur au plus, afin que le papier ne soit pas collé dessus (503). Il est essentiel que les quatre côtés soient bien dressés (531). Cette planche sert à faire tous les dessins de médiocres grandeurs, elle est parfaitement commode, parce qu'elle est très-légère, qu'on peut la retourner & la mouvoir avec grande facilité. On pourroit en avoir de plusieurs grandeurs, par exemple, pour la demi-feuille & la feuille entière du colombier, pour la feuille entière du grand aigle, mais alors on seroit obligé de lui donner de l'épaisseur en proportion de sa grandeur, de-là plus de pensanteur, & par conséquent moins de facilité pour la mouvoir.

514. Au défaut de planche, on pourra se servir du carton, le plus épais que l'on pourra se procurer ; car pour peu qu'il soit de médiocre épaisseur, le papier collé dessus le fait infailliblement bomber en séchant.

515. Les Ingénieurs se servent encore dans leurs

voyages d'une petite planchette, dont nous allons donner la démonstration, telle que nous l'avons lue dans Buchotte. La planchette qui doit être d'un bois doux, aura vingt pouces sur quinze, & quatre lignes d'épaisseur; pour éviter qu'elle se tourmente, on la doublera en dessous avec du sapin de même épaisseur qu'on lui appliquera avec de la colle forte en observant de mettre le fil du bois de la planchette en sens contraire à celui de son doublement. On pourra faire déborder le dessus d'un quart de pouce sur son doublement, afin qu'on soit libre de dresser les côtés sans rabotter la colle forte.

ARTICLE IV.
Du Tiratore. Planche XVI.

516. Le tiratore, *Pl. XVI, fig.* 1, est une espèce de planchette de même hauteur & de même largeur que les planches, dont nous venons de parler. Il est composé, 1.° d'un chassis A en bois de chêne, épais de quinze à seize lignes, sur environ trois pouces de large, suivant la grandeur, & assemblé à tenons & mortaises; 2.° d'une petite planche B, de quatre à cinq lignes d'épaisseur, emboîtée de chêne au pourtour : cette planche B doit entrer très-librement à feuillure dans le chassis A, où elle est fortement maintenue par des clefs C, introduites dans des mortaises pratiquées dans le surplus de l'épaisseur du chassis A sur la planche B. Cette planche sert à tendre parfaitement une feuille de papier, & à la tenir solidement fixée, sans avoir la peine de coller le papier à sa circonférence.

517. Ce que nous venons de dire, avec la manière de placer la feuille de papier sur la planche, que nous allons expliquer, donnera une idée suffi-

sante de la construction & de l'usage du tiratore.

518. La feuille de papier étant mouillée, on la posera sur la face EF, *fig.* 2, de la planchette (nous supposons que la planche B est enlevée de dedans le chassis A) de manière à ce qu'elle la déborde tout autour, au moins du développement de la feuillure du chassis; la feuille de papier ainsi posée, on placera la planche dans le chassis, en pressant fortement la circonférence du papier dans la feuillure du chassis; on la fixera par le moyen des clefs C, que l'on introduira d'abord à l'extrêmité G (voyez *fig.* 3), dans la mortaise H, & dont l'autre bout I se glissera doucement dans la mortaise allongée K, jusqu'à ce que la clef soit arrivée dans sa véritable position GI. On placera ensuite les autres clefs, puis on laissera sécher la feuille de papier, & elle sera parfaitement tendue.

519. Nous observons qu'il faut que les bords extérieurs du chassis soient parfaitement dressés (531).

ARTICLE V.

DE *l'Équerre simple.* Planche XV, fig. 3, 4 & 5.

520. L'Équerre, *Pl. XV,* fig. 3, est un instrument en bois de poirier, ou de pommier sauvageon, d'environ quatre lignes d'épaisseur, formé en triangle *rectangle scalène*, avec un trou vers le milieu. Cet instrument, étant d'un usage perpétuel dans le Dessin de l'architecture, nous nous étendrons un peu sur la manière de s'en servir. Il faut avec l'équerre une petite règle HI, *fig.* 3, de même bois & de la même épaisseur, dont la longueur égale le grand côté de l'équerre. Il est important de remarquer qu'il ne faut point de chanfrein à cette règle, il y seroit très-incommode, & en rendroit

même, comme nous allons voir, l'usage impossible.

521. L'Équerre sert à tracer des lignes parallèles à d'autres déjà faites, sans le secours de deux points; par exemple, on veut, par les points RS & T, tracer les lignes AR, BS, CT parallèles à la ligne déjà faite DE, on ajuste le côté FG de l'équerre (ou le côté FK, suivant la longueur des lignes qu'il faut faire) sur la ligne DE ; puis on accotte la règle HI sur l'autre côté de l'équerre, & l'on fait glisser l'équerre le long de cette règle, en appuyant un peu dessus. Veut-t-on tirer d'autres lignes au-dessous de LM, encore parallèles à DE, appuyant un peu sur l'équerre, on fera glisser la règle HI jusqu'en IO; ensuite appuyant sur la règle, on fera glisser l'équerre jusqu'à la ligne LM & au-dessous, ainsi de suite. La pratique apprendra qu'il faut trois doigts posés sur la règle, le doigt du milieu, l'annulaire & l'oriculaire, l'index sera dans le trou de l'équerre, & le pouce sur l'angle de la ligne oblique de l'équerre.

522. Cette méthode demande un peu de pratique pour exécuter avec célérité ; mais une fois, qu'on en a pris l'habitude, on peut se flatter d'aller deux fois plus vite & plus juste qu'un autre qui n'auroit point l'habitude de l'usage de l'équerre.

523. Nous croyons devoir remarquer ici qu'on ne doit jamais se servir de l'équerre pour élever des perpendiculaires, comme on a souvent la négligence de le faire; il est vrai que ce moyen est expéditif, mais il est très-rare qu'il soit juste; d'ailleurs les opérations graphiques de la perpendiculaire sont si promptes qu'il n'y a que la paresse qui puisse permettre de s'en dispenser, quand le dessin demande un peu de précision.

524. On donne souvent à l'équerre la forme

d'un triangle rectangle isocèle, *fig. 4 & 5*, de manière que la ligne oblique d e, est juste à quarante-cinq degrés.

525. L'Équerre de cette forme peut servir comme la précédente, à tracer des lignes parallèles; mais la propriété de la ligne oblique à quarante-cinq degrés, donne à celle-ci l'avantage de servir, sans opérations préalables, à tracer les ombres dans l'architecture civile (117); par exemple, on pose une règle OP, *fig. 5*, ajustée sur une ligne horizontale, & l'on pose l'équerre au-dessus accotée sur la règle, de manière que la ligne oblique à quarante-cinq degrés, aille de gauche à droite, le haut à gauche & le bas à droite, & l'on promène l'équerre sur la règle, autant & par-tout où besoin est.

ARTICLE VI.

DE l'Équerre mobile. Planche XVII.

526. L'Équerre mobile sera de même bois que les précédentes (503), & composée de deux morceaux de bois; l'un en forme d'équerre ABFCDOE, *fig. 1*; & l'autre en parallélogramme ABFE, *fig. 1*, que l'on voit en-dessous FGHI, *fig. 3*, & réunis ensemble par un clou K de cuivre, *fig. 3, 4 & 5*, rivé ou à vis, & par une vis L, & son écrou aussi en cuivre. Le clou rivé K servant de pivot, la partie en forme d'équerre & de règle pourra s'obliquer plus ou moins avec celle en parallélogramme, & se fixer à telle ouverture d'angle que l'on voudra, par le moyen de la vis L, que l'on pourra serrer en la tournant dans son écrou.

527. La figure 5 est la coupe de la règle-équerre faite sur la ligne CD de *fig. 3*.

528. La figure 4 est la coupe des deux parties

CHAP. III. DES INSTRUMENS. 105

réunies, faite sur la ligne AB *fig. 3*, & la figure 3 est la partie ABFE *fig. 2*, vue en dessous.

529. Toutes ces figures bien entendues donneront une idée suffisante de la construction des parties en cuivre & du reste de l'équerre.

530. Dans la figure 5, on voit le profil AB en chanfrein, que l'on fait à la règle-équerre, profil qu'il est bon de lui donner en-dessous, afin que l'encre, qui, faute de soin, peut s'attacher à la règle, ne touche pas au papier.

531. Cette équerre, sert ainsi que les autres à faire des lignes parallèles, par le moyen de la partie FGHI, *fig. 3*, que l'on appuie sur les côtés de la planche ou du tiratore; il est essentiel que ces côtés soient bien dressés.

532. On pourroit encore faire à la règle-équerre un chanfrein CD, *fig. 5*, pour la facilité de tracer au crayon; mais si l'on vouloit en faire usage, il faudroit tourner l'équerre mobile de gauche à droite, afin que le devant se trouve derrière, ou pour mieux dire encore, afin que le côté FC, *fig. 1*, où se trouve ce chanfrein, soit à la place du côté DO où le chanfrein est en dessous.

ARTICLE VII.

DES *Règles*. Planche XV.

533. Les règles doivent être de bois bien sec, afin d'être moins sujettes à se tourmenter; on doit préférer celles de bois de fer, d'ébène, de pommier ou de poirier sauvageons, parce que ces bois n'ont ni pores ni fils apparens. Elles doivent avoir une épaisseur proportionnée à leur longueur, par exemple, celles d'un pied auront trois ou quatre lignes d'épaisseur, celles de trois, quatre & six pieds, auront de quatre à cinq lignes; mais quelque

soit leur petitesse, elles ne peuvent avoir moins de trois lignes ou deux lignes & demie.

534. On a pour habitude de faire, aux règles ordinaires, un chanfrein d'un côté seulement, comme l'indique la *fig. 8, Pl. XV*.

535. Ce chanfrein sert, comme nous l'avons dit (530), à empêcher que l'encre ne coule sur le papier; il paroît encore nécessaire pour tracer au crayon avec plus de facilité, la règle n'ayant de son côté que la moitié de son épaisseur; la pratique fera voir que toutes ces précautions deviennent inutiles, pour quiconque sait faire usage d'une règle sans chanfrein.

536. Nous avons vu qu'il faut avoir non-seulement une règle de six à sept pouces, mais encore une d'un pied & une de deux pour les dessins ordinaires. Il ne suffit pas que les règles soient bien dressées, il est encore nécessaire que leur largeur & leur épaisseur soient bien jaugées; on en connoîtra l'utilité dans la pratique.

537. Il n'y a guère, quoiqu'on en dise, que les Ébénistes qui puissent bien dresser les règles.

Article VIII.

Des Canifs.

538. Il est bon d'avoir plusieurs canifs, car il en faut un pour tailler les crayons, & un pour tailler les plumes. On peut d'ailleurs se trouver pour quelque temps dans des lieux où l'on soit dans l'impossibilité de les faire repasser à volonté; c'est ce qui nous fait croire qu'une demi-douzaine n'est point de trop.

539. Il faut que la lame des canifs soit la plus étroite possible, & d'un acier bien trempé; l'on doit préférer ceux dont le manche est en forme de

CHAP. III. DES INSTRUMENS. 107

fuseau, à six ou huit pans; ils sont infiniment plus commodes que les autres.

ARTICLE IX.

Du Porte-crayon, du Piquoir & de la Pointe à calquer.

540. Le porte-crayon doit avoir six pouces de longueur, & être à pans & à coulans.

541. Il y a des portes-crayons composés de trois pièces, qui se réunissent à vis; la partie du milieu porte d'un bout un très-petit porte-crayon, dans lequel on introduit, en l'y fixant, une aiguille qui sert à piquer, ce qui a fait donner à ce petit porte-crayon, le nom de *porte-piquoir*; l'autre bout de la partie du milieu est formée en pointe, ordinairement de cuivre, qu'on nomme *pointe à calquer*. Les deux parties extérieures sont des demi-porte-crayons ordinaires, avec leurs coulans.

542. Cet instrument a beaucoup plus de réputation que de mérite; il est très-incommode, parce qu'il se dévisse en travaillant. Il vaut mieux avoir un porte-crayon ordinaire, & un piquoir à part, ajusté dans une virole en cuivre, jointe à un manche en bois de palissandre ou d'ébène, comme le sont les pointes des Graveurs à l'eau-forte.

543. La virole s'emplit de cire à cacheter, on y met la pointe ou l'aiguille, tandis qu'elle est chaude, en l'enfonçant directement. Il faut avoir au moins une demi-douzaine de pointes de rechange.

544. La pointe à calquer (541) ne mérite pas que l'on en parle, à moins que ce ne soit pour engager à ne s'en jamais servir; on ne peut faire, par son moyen, que des choses très-incorrectes & malpropres; il vaut mieux calquer au crayon ou au trait, on a du moins un dessin de ce qu'on desire, au

lieu que la pointe ne nous donneroit jamais qu'une égratignure.

ARTICLE X.

Des Pinces à coulans & des Épingles à calquer.

545. On ne peut guère se dispenser dans l'architecture militaire, où l'on a souvent besoin de plusieurs copies, d'avoir une demi-douzaine de pinces à coulans en cuivre, pour joindre ensemble le dessin qu'on veut piquer & la feuille de papier sur laquelle on le veut faire. Il faudra aussi avoir au moins autant d'épingles à calquer, pour fixer sur la table ou sur le carton, la feuille de papier & le dessin que l'on veut calquer ou piquer; ces épingles, *Pl. XV, fig. 9*, ont la tête en cuivre & la pointe en acier; à leur défaut on se servira d'épingles de cuivre à faire de la dentelle, dont nous conseillons d'avoir une douzaine.

546. Quand les dessins que l'on veut copier sont très-précieux, & qu'on ne peut se permettre d'en piquer les marges ou les bordures avec les épingles, on doit se servir des pinces à coulans, dont nous venons de parler; elles sont assez connues pour nous dispenser d'en donner la figure.

ARTICLE XI.

Du Tire-ligne.

547. Le tire-ligne est un instrument si connu, que nous pourrions même nous dispenser d'en parler; mais le mauvais usage qu'en font quelques-uns & le peu de soin qu'on a de cet instrument, nous engagent à étendre ces remarques.

548. Le tire-ligne est composé d'un bout, d'un porte-crayon; & de l'autre, de deux lames d'acier qui se rapprochent & s'éloignent par le moyen

d'une vis. C'est la distance de l'une à l'autre que l'on emplit d'encre, qui détermine la grosseur de la ligne.

549. C'est à regret que les véritables Artistes voient des Dessinateurs d'architecture civile les préférer aux plumes, pour tirer des lignes droites. Il en résulte toujours un trait sec & dur, qui gêne au moëlleux & détruit le suave qu'exigent les angles & les extrêmités des façades & des coupes, tandis qu'une plume bien taillée arrive toujours à ce double but. On ne doit s'en servir que dans un plan, où il est souvent indifférent que les traits soient secs ou moëlleux.

550. Depuis quelques années, on a étendu l'usage des tire-lignes aux compas, on les a substitué aux pointes, dites *à l'encre*, en forme de goutière, qui coupoient souvent le papier avant d'avoir marqué la ligne. Ici le tire-ligne devient vraiment utile, mais nous avons toujours vu qu'on ne mettoit pas assez de soin à l'essuyer, lorsqu'on avoit fini de s'en servir. Nous avons vu de plus, des Dessinateurs s'en servir avec de l'encre à écrire. Ces deux manques de soin rouillent les lames, les corrodent & rendent le tire-ligne, ce qu'on appelle *capricieux*; parce qu'ainsi corrodé, il ne marque souvent pas. Nous recommandons non-seulement de les essuyer avec soin, mais encore de les laver dans l'eau claire, aussitôt qu'on aura fini de s'en servir; & même si l'on pense que l'on sera long-temps sans en avoir besoin, on doit les froter avec un chiffon un peu imbibé d'huile.

ARTICLE XII.

DES Compas ordinaires & du Rapporteur.

551. Il y a deux sortes de compas qu'il faut

absolument avoir; 1.° un compas de division, dont les deux pointes d'acier sont immobiles, il a ordinairement quatre pouces de longueur; 2.° un compas de six pouces de long, à pointes changeantes, c'est-à-dire, dont une des deux pointes se change, à volonté, de pointe d'acier en porte-crayon, & de porte-crayon en tire-ligne.

552. Il y a encore le compas à trois jambes ou trois pointes; ce compas sert à prendre les ouvertures d'angles: à son défaut, on se sert du rapporteur, qui est bien plus commode en corne qu'en cuivre.

553. Il y a aussi le compas de réduction, qui a quatre pointes opposées, deux à deux. La tête est placée vers le milieu, & varie suivant que l'on veut réduire ou grandir : du lieu où l'on place la tête qui se fixe par le moyen d'une vis, on peut réduire ou grandir d'un dixième, d'un quart, d'un tiers, d'une demie, &c., parce qu'alors deux pointes sont plus ouvertes que celles opposées aux proportions.

ARTICLE XIII.
Du Compas de proportion.

554. Le compas de proportion est une règle de cuivre, de douze à quatorze pouces de long, qui se plie par le moyen d'une charnière, comprise dans son épaisseur; & sur les surfaces de laquelle différentes lignes sont tracées & divisées suivant diverses proportions.

555. Cet instrument sert à trouver les divisions des lignes droites, les cordes des arcs, les côtés des poligones, le calibre des pièces, le poids des boulets, &c. Voyez les ouvrages qui traitent de ses propriétés & de son usage.

ARTICLE XIV.

Des Pinceaux & des Antes.

556. Les pinceaux pour être bons à dessiner l'architecture civile, doivent avoir de trois pouces à trois pouces & demi de long, y compris les plumes de cigne dans lesquels ils sont emmanchés. Ces plumes doivent avoir par le petit bout, c'est-à-dire, celui où est emmanché le pinceau, deux lignes à deux lignes & demie de diamètre.

557. Pour reconnoître si les pinceaux sont bons, il faut, lorsqu'ils sont remplis d'eau, qu'ils fassent *ressort*; c'est-à-dire, si lorsqu'on tentera de les faire courber, en les appuyant obliquement sur le bord d'une tasse ou d'un verre, & en les laissant échapper au dehors, ils reprennent subitement la ligne droite en faisant parfaitement la pointe, les pinceaux sont bons; si au contraire, ils ne résistent pas fortement sur le bord du verre, s'ils restent courbes, ou si au lieu de faire la pointe, ils font la fourche, ils ne valent rien.

558. Il arrive souvent que des pinceaux tout neufs font une pointe trop longue, trop fine & trop fléxible; quoique d'ailleurs ils aient les qualités que nous venons d'indiquer (557). On retranche ce superflu de pointe très-incommode, par le moyen d'un charbon de feu que l'on anime en soufflant, & que l'on approche de cette pointe, *encore humide*, jusqu'à ce qu'elle se grésille.

559. Dans le dessin de l'architecture civile, il faut avoir deux pinceaux de même grosseur, dont l'un ne servira jamais qu'à l'encre, & l'autre ne servira qu'à l'eau, que l'on emploie pour étendre & adoucir les teintes. Tous deux seront emmanchés dans un brin de bois d'inde ou d'ébène,

en forme de fuseau très-svelte, que l'on appelle *antes*.

560. Dans l'architecture militaire, il est bon d'en avoir davantage, & même de plusieurs grandeurs & grosseurs, de plus petits pour les petites choses, & de très-gros pour les teintes de fond; d'ailleurs, les pinceaux qui servent à certaines couleurs, le verd d'eau, par exemple, ne peuvent guère servir à d'autres; il reste toujours un peu d'âcreté dans le pinceau, & le verd d'eau décompose les autres couleurs, & sur-tout l'encre de la chine; ainsi, on en aura une demi-douzaine de moyens, quatre ou six de plus forts, de très-petits pour la Carte, & un ou deux de très-gros pour les teintes de fond.

561. Pour conserver long-temps ses pinceaux bons, il faut avoir grand soin, aussitôt qu'on a fini de s'en servir, de les bien laver dans de l'eau claire, & de leur bien faire la pointe droite avec les lèvres, en aspirant toute l'eau qui reste dedans, & de les laisser ainsi sécher bien droit, dans une boîte poivrée, sans cette précaution les vers les mangent.

ARTICLE XV.

De la Boîte aux couleurs. Pl. XVIII.

562. Avant de passer à la description de la boîte aux couleurs, nous observons que dans la pratique du dessin de l'architecture militaire, il est nécessaire d'avoir une douzaine de petits vases ou godets de fayance pour mettre les diverses teintes de couleurs. Ces godets, *Pl. XVIII, fig. 15*, auront environ deux pouces de diamètre, sur huit à neuf lignes de hauteur au plus, avec le bord droit & plat, & non pas recourbé en dehors ni arrondi, comme les godets à pommade; ils seroient alors
très-

très-incommodes pour étancher les pinceaux, comme on le verra dans la pratique. Il faut aussi, dans l'architecture militaire, trois ou quatre petites fioles de verre d'environ deux pouces de hauteur, pour le bistre liquide, le verd d'eau, l'eau gommée & l'encre rouge.

563. Ces fioles & les godets, dont nous venons de parler, sont particuliers aux Dessinateurs d'architecture militaire. Pour l'architecture civile, il suffit de deux ou trois tasses plattes, *fig. 16, Pl. XVIII.*

564. Tout ce petit nécessaire de vases à couleurs, de fioles, de pinceaux, de compas, crayon, plumes, canif, piquoir, &c. pourra se réunir commodément dans une boîte de bois, épaisse de deux à trois lignes & faite suivant les *fig. 11, 12, 13 & 14, Pl. XVIII :* en voici la description.

565. Le fond de cette boîte est divisé en huit compartimens, comme il est aisé de le voir par la *fig. 11, Pl. XVIII,* qui en représente le plan, & la *fig. 12,* le profil. Les quatre compartimens marqués A, ont chacun sept pouces de longueur, sur deux pouces & demi de largeur, & un pouce de profondeur, pour mettre douze petits vases de fayance ; & les quatre marqués B, ont un pouce & demi chacun de largeur, sur deux pouces de profondeur dans œuvre, qui est celle de toute la boîte. De ces quatre derniers compartimens, deux serviront pour mettre les petites fioles, & les deux autres les provisions de couleurs qui ne seront point délayées ; ainsi que les crayons, l'encre de la chine, les aiguilles, les épingles & autres petits instrumens.

566. Enfin dessus l'espace des quatre compartimens marqués A, on mettra une autre boîte platte

sans couvercle, *fig. 13 & 14*; la *fig. 13* représente le plan, & la *fig. 14* le profil; elle est divisée dans sa largeur en deux compartimens marqués C, dont la profondeur est l'espace compris depuis le dessus des compartimens marqués A, jusques dessus le couvercle de la boîte entière. L'un de ces deux compartimens marqués C, servira pour mettre les plumes taillées, les pinceaux & le canif, & l'autre, pour serrer les compas, le porte-crayon, le porte-aiguille ou piquoir, & les pinces à coulans; cette petite boîte étant mouvante, s'ôtera & se remettra sur les vases de fayance, & leur servira de couverture.

567. Les Ingénieurs & les Dessinateurs qui seront de campagne, je veux dire qui suivront l'armée, ou qui serviront aux siéges, auront un étui d'ivoire d'une douzaine de coquilles.

Article XVI.

Du Singe de Buchotte. Pl. XVIII.

568. Nous copions ici la description de Buchotte, prise dans la dernière édition.

569. Comme la manière de réduire les plans de grand en petit & de les grandir, par l'angle de réduction, est très-longue dans ses opérations, j'ai cherché en vain pendant quelques années s'il n'y auroit point une méthode plus expéditive, & qui fût en même-temps géométrique & non tâtonneuse; & après un an d'intervalle, m'étant remis à chercher, j'ai enfin imaginé depuis peu un instrument fort simple dans sa construction, & très-expéditif dans ses opérations, & assez universel pour toutes sortes de dessins; mais avant que d'expliquer la manière de s'en servir, il convient d'en donner la construction : la voici.

CHAP. III. DES INSTRUMENS. 115

570. Cet instrument, *Pl. XVIII, fig. 1*, est composé d'une grande règle AB, que je nomme *règle de base*, de six autres règles C, D, E, F, G, H, que j'appelle *règles mouvantes*, & de sept coulans a, b, c, d, e, f, g, faisant charnière avec le bout des règles E, F, G, H. Toutes ces règles & ces coulans doivent être de laiton bien battu au marteau, pour le rendre ferme & dur.

571. La grande règle AB doit avoir environ trente pouces de longueur, afin qu'elle puisse servir à d'assez grands dessins, sur neuf lignes de largeur & une ligne d'épaisseur au plus.

572. La règle C aura dix-huit pouces de longueur, sur six lignes de largeur, & une demi-ligne d'épaisseur au plus.

573. La règle D aura treize pouces de longueur, sur la même largeur & épaisseur que la règle C.

574. Les deux règles E & F doivent avoir quatorze pouces chacune de longueur, sur six lignes de largeur, & une demi-ligne d'épaisseur au plus.

575. Les deux autres règles G & H auront vingt pouces chacune de longueur, sur la même largeur & épaisseur que les deux précédentes.

576. Chaque bout des quatre règles E, F, G, H, formera un cercle d'un pouce de diamètre, & l'un des côtés de chacune de ces règles passera par le centre du cercle, comme il est évident par les *fig.* 2, 3, 4, & 5.

577. Chaque coulant a, b, c, d, sera composé de deux lames d'un pouce de largeur chacune, sur une demi-ligne d'épaisseur, & de deux petites pièces de trois lignes de largeur chacune, sur une demi-ligne d'épaisseur, qui est celle des règles. Ces petites pièces que l'on a ponctuées, comme il paroît par les *fig.* 6 & 8, seront placées entre les deux

H 2

lames espacées de la largeur des règles, c'est-à-dire, de six lignes, & rivées chacune en deux endroits, comme il paroît par les mêmes *fig. 6 & 8*.

578. Les deux coulans *e* & *g*, seront aussi composés de deux lames de même largeur & épaisseur que les quatre ci-devant ; mais une des lames de chacun de ces deux coulans sera de deux pièces, comme il est aisé de voir par le profil, *fig. 10*, & comme la règle AB a une ligne d'épaisseur, l'une des petites pièces ponctuées sur les *fig. 6 & 8*, aura aussi une ligne d'épaisseur sur toujours trois lignes de largeur, & celle du côté de la charnière n'aura qu'une demi-ligne d'épaisseur, qui, avec une des deux demi-lames, feront ensemble l'épaisseur de la règle AB, & les lames de chaque coulant seront attachées avec leurs petites pièces par quatre rivures, comme l'on peut voir par les *fig. 6 & 8*.

579. Enfin le coulant *f* sera composé comme les autres de deux lames d'un pouce de largeur sur une demi-ligne d'épaisseur, & de deux petites pièces de trois lignes de largeur sur une ligne d'épaisseur, qui est celle de la règle AB, ainsi que celle des deux bouts l'un sur l'autre des règles F & G, comme il est aisé de voir par le profil, *fig. 9*.

580. Il reste à dire pour la construction de cet instrument, que les deux règles E & F, *fig. 1*, étant de même longueur, comme il paroît par les *fig. 2 & 3*, doivent être limées, dressées & percées ensemble l'une sur l'autre pour plus grande justesse ; & pour cela, il est nécessaire de tenir ces règles fermes, avec un petit étau à main à chaque bout, afin qu'elles ne puissent point varier de la moindre chose, sur-tout pour en forer le trou qui doit faire charnière. Il est bon que ce trou soit au moins de deux lignes de diamètre, afin qu'en rivant les

CHAP. III. DES INSTRUMENS.

clous, il se refoule perpendiculairement & non obliquement, & qu'on y puisse marquer le centre du cercle.

581. On fera la même chose pour les deux autres règles G & H, *fig. 1*, étant de même égales entre elles, comme il paroît aussi par les *fig. 4 & 5*.

582. Après que ces règles seront percées aux deux bouts, comme il paroît par les *fig. 2, 3, 4 & 5*, on y mettra à force une cheville de bois que l'on rasera pour y marquer le centre du trou de chaque bout; ensuite on tracera d'un centre à l'autre une ligne qui sera le côté de dedans la règle, lequel côté doit être dressé & limé le premier; puis on dressera l'autre côté en tenant toujours les règles ensemble l'une sur l'autre avec les deux petits étaux à main, quoique l'on mette l'ouvrage dans le grand étau pour le limer.

583. On agira de même pour les lames & pour les petites pièces de coulans, je veux dire qu'on les percera & dressera ensemble l'une sur l'autre pour plus grande justesse.

584. On observera que les coulans soient justes à leurs règles; & afin de les tenir fixes au point où on les aura mis pour opérer, on fichera un petit morceau de plume en forme de coin, entre ces coulans & leurs règles, soit sur le côté ou sur le plat de la règle; car je me persuade que ces coulans ne sauroient être si justes qu'on n'y puisse bien introduire quelque chose de mince d'une manière solide.

585. L'instruction que nous venons de donner pour la construction de l'instrument, n'est point pour ceux qui font les instrumens de mathématiques, parce qu'ils sont au fait du travail de ces sortes d'ouvrages, mais bien pour les ouvriers qui ne sont pas dans l'usage d'y travailler.

MANIÈRE de monter l'Instrument, & de s'en servir.

586. ON suppose que l'on veut réduire un grand plan en un plus petit. Il faut 1.° joindre ensemble par le côté, comme la *fig.* 1 le fait voir, le plan à réduire & le papier sur lequel on veut avoir le plan réduit, en les collant légérement sur leur bord en trois ou quatre endroits seulement, ou bien en les attachant avec des épingles à calquer, afin de ne point gâter le plan à réduire.

587. 2.° Arrêter sur la règle AB les deux coulans e & f, à la distance de la largeur du grand plan à réduire, en sorte que le nombre des parties de l'échelle de ce plan que contiendra la ligne ponctuée h, soit sans fraction ; arrêter de même sur la règle C, les deux coulans c & d à la même distance, pour avoir le parallélogramme EFhl.

588. 3.° Arrêter aussi sur la règle AB le coulant g; en sorte que la ligne ponctuée K contienne le même nombre des parties de l'échelle sur laquelle on voudra le petit plan, que la ligne ponctuée h en contient de l'échelle du plan à réduire; & enfin arrêter de même sur la règle D, les deux coulans a & b à la même distance, pour avoir le parallélogramme GHiK.

589. 4.° Les règles étant ainsi disposées, suivant les échelles du grand & du petit plan, on posera l'instrument sur ces deux plans, en sorte que la règle AB soit sur le bord d'en bas des plans, & le coulant f sur la ligne qui sépare le grand plan du petit, comme il est aisé de le voir par la *fig.* 1 ; ensuite on arrêtera cette règle AB avec deux pointes qui passeront à travers la règle, les plans & le carton qui sera dessous ces plans, afin qu'elle ne varie point pendant les opérations.

CHAP. III. DES INSTRUMENS. 119

590. 5.° Enfin pour avoir tous les points nécessaires du grand plan sur le petit, comme, par exemple, le point M qui est marqué par l'intersection des deux règles E & G, on fera marcher le parallélogramme EF*hl*, jusqu'à ce que la règle E soit sur le point M; ensuite on coulera le parallélogramme EF*hl*, jusqu'à ce que la règle G soit arrivée au point M; alors l'intersection des deux règles F & H donnera le point *m* sur le petit plan. Agissant de même pour tous les autres points du plan à réduire, on aura le même point sur le plan que l'on desire.

591. Il sera mieux de faire glisser le parallélogramme GH*i*K, sur le parallélogramme EF*hl*; pour cela il faut mettre la règle F sous la règle G, dans la charnière du coulant *f*.

592. Si la règle AB n'étoit pas assez longue pour le grand & le petit plan, étant joints ensemble à côté l'un de l'autre, il faudroit les joindre par leur plus grand côté, comme nous l'avons fait dans le dessin, *fig. 1.*

593. Si l'instrument se trouvoit trop court pour atteindre dans toute la hauteur du plan, après que l'on auroit fait toutes les opérations qu'on en auroit pu tirer, on remonteroit l'instrument bien parallélement à la première base qu'on lui auroit établie, afin de pouvoir achever le plan.

594. Il est mieux de tourner le côté des règles qui passe par le centre des cercles de leurs bouts du côté du jour, pour voir plus aisément par leur intersection le point que l'on desire ; car il est bien certain que si les règles étoient tournées au contraire, l'ombre de leur épaisseur empêcheroit de voir librement le point d'intersection.

595. On pourra faire un biseau ou chanfrein sur l'arête d'un des côtés des règles G & H, *fig. 1*,

H 4

ou *fig.* 4 & 5; ce côté est celui qui passe par le centre des cercles qui sont aux bouts des règles, afin que n'y ayant que l'épaisseur d'une des règles qui se croisent, l'on puisse voir avec plus de facilité le point trouvé par l'intersection de ces règles. Il faut bien prendre garde de se méprendre, c'est aux deux règles qui coulent sur les deux autres qu'il faut faire le biseau.

596. Enfin, on pourra faire un étui à cet instrument, qui aura trente pouces de longueur, sur un pouce de largeur dans œuvre, & sur la profondeur qui sera nécessaire pour loger les sept règles l'une sur l'autre; à l'égard des coulans, ils trouveront leur place au bout des règles qui seront les moins longues.

CHAPITRE IV.
DES OPÉRATIONS GÉNÉRALES

Dans la pratique du Dessin de l'Architecture civile & militaire, pour copier, piquer, calquer, réduire ou grandir les Dessins d'architecture; pour les coller sur la table avec la colle à bouche, & les contre-coller d'une double feuille; pour les mettre sur la toile & les décoller sans les endommager.

597. Nous avons cru qu'à la suite de la description des instrumens, sur-tout après celle du singe de l'invention de Buchotte, nous pourrions nous permettre les démonstrations de quelques opérations graphiques, qui tendent au même but.

598. Nous avons cru ne point nous écarter du plan de cet ouvrage, en y admettant des opérations géométriques, qui, par leur clarté & leur simplicité, peuvent être placées dans un Livre élémentaire. Leur utilité, leur nécessité même dans la pratique du dessin, auroient peut-être suffi pour les y introduire, si Buchotte, lui-même, n'en n'eût jetté quelques-unes dans le cours de son ouvrage. D'ailleurs, il n'est pas de méthode plus sûre & plus exacte pour réduire, grandir & copier, que les opérations géométriques; & nous ne connoissons point d'instrument, sans en excepter le singe de Buchotte, & même le Pantographe perfectionné, que l'on puisse leur préférer.

ARTICLE PREMIER.
COPIER au Compas.

599. C'est faire un dessin de même grandeur &

suivant les mêmes proportions, pour toutes les parties de celui dont on veut avoir la copie; cela se fait en prenant toutes les mesures les unes après les autres, sur le dessin que l'on copie, & en les portant ensuite sur celui que l'on fait.

COPIER au Carré.

600. Il s'agit de copier le plan ABCDEFGH, *fig. 3*, *Pl. XIX*; on trace dessus le plan à copier le carré 1, 3, 5, 7, & l'on tire les lignes 1, 5; 3, 7; 2, 6; 4, 8; ce qui donne le point 9 pour centre. On en fait autant & de même grandeur sur la feuille de papier, *fig. 4*, où l'on veut faire la copie; ensuite pour avoir le point A, on prend la distance 9 A, *fig. 3*, & du point 9, *fig. 4*, avec cette mesure on fait la section *a i*; ensuite de la grandeur 7 A, *fig. 3*, on fait du point 7, *fig. 4*, la section *l a* qui coupe la première en un point *a*, qui est le point demandé. On suivra la même méthode pour tous les autres points du plan, ayant attention de prendre les mesures de manière à ce que les sections se coupent le plus perpendiculairement possible.

COPIER aux Carreaux.

601. La *fig. 1*, *Pl. XIX*, est le dessin que l'on veut copier; & la *fig. 2*, la feuille de papier sur laquelle on en veut faire la copie : on divisera le haut, le bas & les côtés du dessin à copier, en autant de parties égales qu'on le jugera nécessaire pour la petitesse des objets; on tirera des lignes horizontales & verticales par toutes ces divisions, ce qui formera autant de carreaux ; on numérotera du même chiffre, en haut & en bas, à droite & à gauche, les divisions correspondantes. On en fera autant à la circonférence de la feuille de papier sur

CHAP. IV. DES OPÉRATIONS. 123

laquelle on veut faire la copie. Il suit delà que chaque carreau à deux numéros différens pour le reconnoître, celui du haut & du bas, & celui de droite & de gauche : par exemple, le carreau E, *fig.* 1, est le sixième pris horizontalement, & le deuxième pris verticalement, comme l'indiquent les numéros 6 du haut & du bas, & les numéros 2 de droite & de gauche.

602. Cela fait, on veut dessiner sur la feuille de papier, *fig.* 2, le quadrilatère abcd, *fig.* 1; je remarque 1.° que le point a, *fig.* 1, est placé dans l'angle supérieur à gauche du carreau 3, 2; je mets un point A dans l'angle supérieur du carreau 3, 2, de ma copie, *fig.* 2; 2.° le point d est au milieu de 7, 1, je le place ainsi dans ma copie, le point c est un peu à gauche du milieu de 8, 3, &c. Je mets les mêmes points B, C, &c. dans les carreaux correspondans de ma copie, puis tirant les lignes AB, BC, CD, DA, j'aurai le quadrilatère demandé.

603. Si le dessin que l'on veut copier étoit précieux, & qu'on ne voulu ni le salir ni le mutiler; après l'avoir fixé sur la table, avec des épingles à calquer (545), on pourroit mettre des petites pointes sur chaque point des divisions, & faire les lignes avec des fils extrêmement fins, qui rempliroient le même but.

604. On sent facilement que par le moyen des carreaux, on peut encore réduire ou grandir, en faisant les carreaux de la copie plus petits ou plus grands que ceux de l'original.

ARTICLE II.
PIQUER UN DESSIN.

605. La feuille de papier étant bien fixée sur la table, on pose dessus le dessin que l'on veut co-

pier, & on le fixe par le moyen des épingles à calquer ou des pinces à coulans ; cela fait, on piquera (avec le piquoir ou pointe à piquer) tous les angles, c'est-à-dire, toutes les extrêmités des lignes seulement ; car le paysage & les ornemens ne peuvent se piquer, il faut absolument les dessiner, ou bien les calquer à la glace (508). Quand le dessin est entièrement piqué, on peut, si l'on a quelqu'usage de la pratique du dessin, ou quelque connoissance de l'objet que l'on a piqué, on peut, dis-je, se dispenser de le mettre au crayon & le passer au trait sur le champ, en ayant soin de commencer par les cercles & le lignes qui n'ont pas de point dans leur longueur ; comme, par exemple, les arcades, les embrâsures de portes ou de croisées, &c.

606. Pour éviter deux grands inconvéniens, d'oublier de piquer quelque point, ou de piquer deux fois le même ; le premier occasionnant beaucoup d'embarras pour s'y reconnoître, & le second gâtant à la fois, & le dessin & la copie en faisant des trous doubles trop grands, il faut garder un certain ordre dans son opération, & prendre une ligne, une masse que l'on suivra dans toutes leurs longueurs & dans tous leurs contours.

607. Dans l'architecture militaire, la multiplicité des zigzags des fortifications & la distribution infinie de l'intérieur des villes, exigent beaucoup de précaution. L'ordre que l'on suit avec le plus de succès, est de piquer d'abord la ligne magistrale de tous les ouvrages, ensuite celle des parapets, puis celle des remparts, leurs taluts, après quoi on passe aux fossés, aux contrescarpes, delà aux chemins couverts, & enfin au pied de leur glacis.

608. L'intérieur de la place ou la distribution

de la ville, doit se diviser par quartier, c'est-à-dire, par partie que l'on ceint d'un léger trait de crayon qui est effacé après avoir piqué.

609. Mais comme les soins & l'attention que l'on est forcé de prendre pour n'oublier aucun point ou pour n'en point piquer deux fois, sont très-fatigans, nous proposons un moyen, dont nous nous sommes toujours très-bien trouvés. On prendra du papier vernis, que l'on posera sur le dessin, & l'on piquera à travers; tous les points se marquant en blanc sur le papier vernis, feront voir au premier coup d'œil, ceux qui sont faits & ceux qui pourroient être oubliés.

610. On peut dans l'architecture militaire se dispenser de piquer les banquettes des ouvrages, les traverses des chemins couverts, les embrâsures de canons, ainsi que les ponts; toutes ces choses se peuvent faire, ou à l'équerre, ou se porter avec le compas, avec beaucoup de facilité : par ce moyen on évitera une multitude infinie de points, qui, s'ils ne sont pas extrêmement fins, gâteroient l'original, & rendroient la copie mal propre.

ARTICLE III.

CALQUER sur le papier huilé ou verni.

611. Cela se fait, en fixant d'abord le papier verni ou huilé sur le dessin que l'on veut calquer, avec les pinces à coulans, ou avec les épingles à calquer; ensuite on met au trait tout le dessin, soit au carmin, soit à l'encre, puis levant le calque de dessus le dessin, & le portant sur une feuille de papier blanc, on peut le laver comme un autre dessin.

612. Il est bon de prévenir ici qu'avant de calquer le trait, il faut, avec une éponge un peu humide, mais sans eau dedans, frotter légérement le

papier huilé, sur-tout du côté que l'on veut dessiner; cela dégraisse le papier, & fait prendre l'encre ou le carmin avec facilité; d'ailleurs, on lave mieux sur le papier après cette opération.

CALQUER à la glace.

613. Si l'on vouloit que la copie qu'on se propose de faire fut sur du papier blanc, & que cependant il ne fallut pas piquer l'original, on seroit obligé de calquer à la glace; il seroit à desirer que l'original fut dessiné sur du papier mince, ou que celui de la copie fut le plus mince possible, afin de mieux voir à travers les deux.

614. On calque à la glace, en fixant l'original sur la glace (508), & le papier de la copie par-dessus; regardant ensuite le jour à travers, on pourra calquer toutes les parties du dessin, architecture, fortification, paysage, ornement, & enfin tout ce que l'on pourra appercevoir.

ARTICLE IV.

Réduire & grandir par le moyen des Échelles.

RÉDUIRE.

615. Il faut toujours supposer que le plan que l'on veut réduire est fait sur une échelle quelconque; comme, par exemple, l'échelle Y *Pl. XIX*, & que l'échelle Z plus petite, est celle sur laquelle on veut que le dessin soit réduit.

616. Cela posé, il s'agit de réduire le plan DEFGHIL, &c. *fig. 5;* on prendra successivement, sur *fig. 5*, toutes les diverses mesures que l'on portera sur l'échelle Y, après avoir vu combien elles contiennent de parties de cette échelle; on en prendra le nombre sur l'échelle Z, & l'on construira le plan *defghil*, &c. *fig. 6*, qui sera le

CHAP. IV. DES OPÉRATIONS. 127

plan réduit demandé. Par exemple, j'établis sur mon dessin, *fig. 6*, une ligne dX horizontalement, comme celle DQM *fig. 5*. Je pose un point *q* image de Q *fig. 5*, je prends la distance DQ, & voyant sur l'échelle Y combien elle contient de parties, j'en prends le même nombre sur l'échelle Z, & je porte cette distance réduite de *q* en d, *fig. 6*, en faisant la section VZ; prenant ensuite DE que je présente sur l'échelle Y, où j'en vois la mesure, je prends sur celle Z, le même nombre de parties de d en e, en faisant une petite section *tu*; venant à QE, que je réduis comme ci-dessus, je fais du point *q*, *fig. 6*, une autre section *rs*, qui coupe celle *tu* en un point є, image du point E de *fig. 5*, & ainsi de suite pour les autres points FGHI, &c.

GRANDIR.

617. Si au contraire on vouloit grandir, les opérations seroient absolument les mêmes; l'échelle Z seroit alors celle de l'original, & l'échelle Y, celle de la copie.

ARTICLE V.
DE l'angle de réduction.

618. L'angle ou l'échelle de réduction est un triangle isocèle, *fig. 7, Pl. XIX*, dont les côtés AB, AC sont en proportion déterminée avec la base CB; par le moyen de ce triangle, on peut réduire & grandir suivant des échelles données.

Construction de l'angle de réduction pour réduire.

619. Sur une ligne AB, *fig. 7*, portez tel nombre qu'il vous plaira de parties de l'échelle Y (120, par exemple), de A en B : puis du point A comme centre décrivez l'arc BC; prenez ensuite 120 par-

ties de l'échelle Z, & du point B comme centre, faites la section DE qui coupera l'arc BC en un point C, la corde BC aura 120 parties de l'échelle Z, comme AB en a 120 de celle Y : tirant la ligne AC, vous aurez le triangle BC, par le moyen duquel vous pourrez réduire à l'échelle Z, un dessin fait sur celle Y.

OPÉRATION.

620. Je suppose qu'il faille réduire le plan EF GHI, &c. *fig. 5*, à la petite échelle Z. Je marque un point Q, placé à volonté, à peu près au milieu de la figure, & j'imagine que de ce point Q, il y a des rayons tirés à chaque angle de la figure. Je marque de même sur mon papier, *fig. 6*, sur lequel je veux réduire un point *q*; je prends la distance QD, *fig. 6*, & du point A, *fig. 7*, comme centre, je décris sur l'angle de réduction l'arc FG, qui coupe les deux côtés AB, AC, aux points F & G; la corde de cet arc qui est la base du triangle est la mesure *qd* du plan réduit d*efghi*, &c. Avec cette corde FG du point q, comme centre, je trace sur l'horizontale dX la section YZ, qui la coupe en un point d, qui est le point demandé. De même, je prends QE, *fig. 5*, je fais un arc entre les côtés de l'angle de réduction, *fig. 7*, j'en prends la corde, & du point *q*, comme centre, je trace l'arc *rs*, *fig. 6*; ensuite je prends DE, *fig. 5*, je la porte sur l'angle de réduction, *fig. 7*; je trace un arc entre les côtés, j'en prends la corde, avec laquelle du point d, comme centre, je trace l'autre arc *tu*, *fig. 6*, qui coupe celle *rs*, au point *e* demandé pour l'image du point E, *fig. 5*. On fait la même opération pour chacun des autres points FGHI, &c.

Construction

Construction de l'angle de réduction pour grandir.

621. Si, au contraire, on vouloit qu'un plan, *fig. 6*, construit sur l'échelle Z, soit grandi sur l'échelle Y, on prendroit sur celle Z un nombre de parties que nous supposons être 120, on les portera sur a b, *fig. 8 ;* & de a, comme centre, on décrira l'arc b c ; ensuite on prendra 120 parties de l'échelle Y, & du point b, comme centre, on décrira l'arc de qui coupe l'arc b c, en un point c ; la corde b c aura 120 parties de l'échelle Y, comme a b en a 120 de celle Z.

OPÉRATION.

622. On prendra successivement toutes les mesures sur le plan, *fig. 6 ;* on fera sur la *fig. 8*, des arcs dont on prendra les cordes qu'on portera sur son dessin, que nous supposons être la *fig. 5*. Dès qu'on aura bien entendu les opérations de réductions, que nous venons de démontrer (616), on fera parfaitement bien celles nécessaires pour grandir, puisqu'elles sont absolument les mêmes.

623. Une observation que nous croyons essentielle, doit trouver ici sa place. Lorsque l'on veut grandir, il faut que l'échelle du grand plan soit moindre que le double de celle du petit ; c'est-à-dire, que la copie ne peut pas être le double de l'original, parce que dans ce cas, on ne pourroit point former un angle de réduction, puisqu'une corde double du rayon formeroit un diamètre & qu'on ne peut guère grandir de plus d'un tiers, sans risquer de ne point copier avec justesse & avec vérité.

624. Il en n'est pas de même pour réduire ; plus l'échelle de la copie est petite, en raison de celle de l'original, plus la réduction sera juste.

I

625. On doit tracer son échelle de réduction, sur un papier séparé. Si l'on ne craint point de gâter ses compas, on peut la tracer sur une planche de cuivre, ou sur une ardoise, les lignes s'y voient, s'y peuvent faire très-fines, & l'on a la commodité de pouvoir les effacer facilement. Au défaut d'ardoise, le vélin est préférable au papier.

626. Il n'est pas hors de propos de rappeller ici qu'on peut encore réduire & grandir par le moyen des carreaux, comme nous l'avons observé (604).

Article VI.

Méthodes pour construire géométriquement les Échelles, pour grandir & réduire en proportions aliquotes.

Faire une Échelle moitié d'une autre.

627. Faites un quarré *aefg*, *fig. 9*, *Pl. XIX*, dont le côté *ag* ait un nombre déterminé de parties de l'échelle à réduire (300, par exemple), la moitié *gh* de la diagonale *ge* sera la grandeur demandée ; on la divisera en même nombre de parties, qui seront géométriquement la moitié de celle qu'on avoit à réduire.

Faire une Échelle double d'une autre.

628. Faites un quarré comme ci-dessus (627), *fig. 9*, la diagonale entière sera la mesure que vous diviserez en même nombre de parties que vous aviez supposé que le côté étoit divisé, & elle sera géométriquement le double de l'autre.

Faire une Échelle au tiers d'une autre.

629. Composez la ligne *ab*, *fig. 9*, d'un certain nombre de parties de l'échelle à réduire ; faites sur

CHAP. IV. DES OPÉRATIONS. 131

cette ligne un demi-cercle *aeb*, que vous diviserez en trois parties égales. De l'une de ces divisions *c*, par exemple, élevez une perpendiculaire *ce* qui coupe le demi-cercle en un point *e;* tirez la ligne *ae*, elle sera l'échelle demandée.

Faire une Échelle triple d'une autre.

630. Faites le quarré *aefg*, *fig. 9*, *Pl. XIX*, de manière que le côté soit l'échelle à tripler; prolongez indéfiniment le coté *fe* vers *b*, faites *cb* égale à la diagonale *ge;* cette ligne *eh* sera l'échelle demandée.

Faire une Échelle le quart d'une autre.

631. Divisez en deux parties égales l'échelle connue, l'une des deux moitiés sera l'échelle demandée.

Faire une Échelle quatre fois plus grande qu'une autre.

632. Il ne faut que doubler l'échelle connue; cette nouvelle échelle plus longue du double, sera le quadruple de celle donnée.

633. Toutes ces propositions & ces résultats sont fondés sur le principe de la quarante-septième du premier Livre d'Euclide.

ARTICLE VII.

MANIÈRE de réunir plusieurs feuilles de papier, en une seule, sans couture apparente (*).

634. Nous supposons d'abord qu'on ne veuille joindre ensemble que deux feuilles de papier. Après

---

(*) Nous avons cru devoir placer ici, à la suite des opérations graphiques, les opérations manuelles, très-usitées, souvent répétées dans la pratique du dessin, & par conséquent essentielles à connoître.

avoir choisi & rogné son papier, & déterminé celle qu'on veut mettre à recouvrement sur l'autre, on prendra la feuille qui doit être dessus, on posera la règle à trois lignes du bord qui doit être collé sur l'autre feuille, & avec le canif, on coupera à moitié l'épaisseur du papier, de manière que dans la coupure, le bord coupé fasse à peu-près l'effet d'une charnière; c'est-à-dire; qu'on puisse le plier avec facilité. Ensuite tenant sa feuille de la main gauche, par le bord vertical à gauche, il faut, avec le pouce & l'index de la main droite, prendre le petit bord que nous avons dit être plié en charnière, & le tirer dans la direction de la diagonale de haut en bas, de gauche à droite de la feuille de papier, en déchirant & en enlevant avec le canif, d'un bout à l'autre, le surplus de de la demi-épaisseur de la feuille de papier.

635. Si l'on avoit trop coupé, c'est-à-dire, qu'on eût enfoncé le canif trop avant dans l'épaisseur du papier, il en résulteroit que le bord de la feuille auroit plus d'épaisseur qu'il ne faudroit; alors on pourroit frotter en dessous avec le gratoir (c'est-à-dire, du côté de la déchirure qui doit être collé), jusqu'à ce que ce bord soit infiniment mince. Collez ensuite, avec la colle à bouche (679), cette partie ainsi amincie sur le bord de l'autre feuille, en observant que la feuille de dessus soit en bas, afin qu'il n'y ait point d'ombre.

636. On sent bien que si on avoit quatre feuilles à réunir en une seule, il faudroit répéter la même opération avec deux autres feuilles; puis la répéter encore pour la troisième couture, ce que l'on feroit ainsi.

637. Par la même raison que nous avons mis la feuille de dessus en bas, nous mettrons les feuilles

de droite sur celles de gauche, pour éviter les ombres des coutures, ainsi ce sera le bord vertical de gauche des feuilles réunies de droite que nous couperons & dechirerons, & que nous collerons sur le bord vertical à droite des feuilles réunies de gauche, & les quatre feuilles seront réunies en une seule. Si on a opéré avec propreté & précision, on ne verra les coutures qu'en y faisant beaucoup d'attention.

ARTICLE VIII.

Manière de fixer le papier sur la table & de l'enlever.

638. Si l'on veut fixer sur la table une ou plusieurs feuilles de papier réunies en une seule, il faut toujours les mouiller par derrière avec une éponge à moitié humectée d'eau ; lorsque le *peu* d'humidité, qu'on a appliqué à la surface, aura également & entièrement pénétré dans toute l'épaisseur du papier, on retournera sa feuille ; c'est-à-dire, on posera à plat, sur la table, le côté qu'on a frotté avec l'éponge, en mettant entre deux une feuille de papier propre, un peu moins grande que l'autre, afin de laisser la liberté de coller à la circonférence, ce que l'on fait avec de la colle à bouche (680), en commençant par les quatre milieux, ensuite par les quatre angles, & finissant par les endroits intermédiaires, jusqu'à ce que toute la circonférence soit parfaitement appliquée. On laissera sécher parfaitement son papier avant de rien dessiner : car le crayon couperoit le papier, & ne marqueroit point.

639. On se gardera bien de faire sécher au feu ou au soleil : trop de précipitation feroit, ou décoller la feuille à sa circonférence, ou déchirer dans le milieu.

640. Le papier ainsi collé pourra s'enlever très-facilement de dessus la table, ou coupant deux ou trois lignes seulement à la circonférence.

ARTICLE LX.

MANIÈRE de contre-coller les Dessins.

641. Quand le dessin est fini, & qu'on se propose de le contre-coller, il faut, sur une table à part, coller une feuille de papier, comme nous venons de le dire à l'article précédent; nous observerons que cette feuille, étant celle sur laquelle on veut coller le dessin, doit être d'un papier plus fort, ou au moins aussi fort que celui du dessin, afin d'éviter les godes & les poches qu'occasionneroit une feuille plus mince.

642. Quand cette feuille sera parfaitement sèche, on couvrira également le derrière du dessin, qu'il faut avoir soin de ne point trop humecter, de bonne colle de farine ou d'amidon froide que l'on étendra bien uniment avec une brosse à coller. Posant ensuite le dessin sur la feuille que l'on a collé sur la table, vous fixerez le milieu en appuyant légérement dessus avec la main; puis du milieu, ainsi fixé, vous pousserez la main vers les quatre milieux des deux côtés du haut & du bas, & vers les quatre angles, il faut avoir soin de lever l'extrémité vers laquelle vous vous dirigez, afin de ne point laisser d'air; pour plus de propreté, mettez une feuille de papier mince entre votre main & le dessin.

643. Lorsque vous aurez ainsi fixé le centre & les huit rayons du centre aux milieux & aux angles, vous batterez toute la surface avec un mouchoir en tampon mollet, mais ferme, jusqu'à ce que vous voyez que votre dessin est bien uni. Vous

le laisserez sécher parfaitement, vous ferez ses cadres, vous collerez ses bordures, &c. & tout sera fait.

ARTICLE X.

Manière de coller les Dessins & les Plans sur toile, & de les décoller sans les endommager.

644. Pour coller un Plan, une Carte, ou telle Estampe que ce soit sur toile, il faut premiérement clouer la toile bien tendue sur une surface plane, que l'on posera verticalement lorsqu'il s'agira d'y appliquer le Plan ou la Carte; puis avec une bonne brosse à coller, on enduira cette toile de colle froide de fleur de farine ou d'amidon, & l'on appliquera le Plan ou le Dessin, en suivant la marche que nous allons indiquer.

645. Humectez le Dessin par derrière avec un linge mouillé, quand l'humidité aura pénétré dans toute l'épaisseur du papier, commencez à coller par en haut & horizontalement une bande d'environ trois doigts de largeur, tandis qu'une autre personne tiendra le bas du Plan en avant, pour empêcher qu'il ne s'applique sur la toile, & continuez de coller par pareilles bandes horizontales, en ayant soin d'appuyer dessus avec un linge blanc & de pousser toujours l'air en bas; quand le Plan sera entièrement collé, appuyez légèrement le linge sur toute la surface, afin qu'il n'y ait aucun endroit de soufflé : & lorsqu'il sera parfaitement sec, vous pourrez le déclouer.

646. Si l'on vouloit décoller ce Plan ou un autre très-vieux collé, il faudroit en mouiller la toile avec de l'eau & une éponge, le mettre ensuite à la cave, cinq ou six heures après le remouiller de nouveau, & le lendemain essayer de le décol-

ler; s'il ne se décolloit pas facilement, il faudroit, afin de ne rien déchirer, le mouiller une troisième ou une quatrième fois de jour à autre, s'il étoit nécessaire, jusqu'à ce que le Plan se décolle aisément.

CHAPITRE V.

Des Objets usuels,

Dans la pratique du Dessin de l'Architecture civile & militaire.

Article premier.

Du Papier à dessiner.

647. Les papiers ordinaires & bons à laver, sont ceux d'*Hollande*, qu'on nomme :

	Longueur.	Largeur.
Le grand Aigle qui a	35 pouc. sur	24 pouc.
Le grand Colombier	31	24
Le Nom de Jésus	25	18
Le grand Raisin	22	17
La Fleur-de-lys	19	14
Le Compte	18	14
Et à la Tellière	16	12

648. Tous ces différens papiers ont une force proportionnée à leur grandeur; ainsi, l'Aigle est plus fort que le Colombier, le Colombier que le Jésus, etc.

649. Il est avantageux d'avoir une bonne provision de papier, parce que plus il est vieux, meilleur il est à laver.

650. Le papier, pour être bon à dessiner, doit

être d'Hollande ; il faut aussi qu'il soit d'un grain fin et uni, il doit avoir un corps uniforme, et ne pas être épais et mince par intervalle, ce que l'on peut reconnoître en regardant le jour à travers. Le papier est encore meilleur à dessiner, quand il est battu et lavé. On reconnoît qu'il est battu, lorsqu'il est parfaitement uni et que le grain est imperceptible. Pour voir s'il est lavé, on ne peut guère donner d'indice certain ; il faut l'essayer. Si en lavant dessus il boit l'encre avant qu'on ait le temps de l'étendre, il n'est pas lavé : on remédie à cela en y mettant une teinte d'eau d'alun.

ARTICLE II.
Du Papier Serpente.

651. Le papier Serpente est extrêmement mince ; il a vingt pouces de longueur sur treize de largeur : étant appliqué sur un dessin, on peut en voir tous les traits à travers ; il est très-commode pour calquer les dessins qu'on ne pourroit ni piquer ni appliquer à la glace, & sera sur-tout très-propre à calquer le paysage et les objets minutieux. C'est encore, comme on va le voir, ce papier qui sert à faire le papier huilé et verni : mais, dans tous ces cas, nous prévenons qu'il doit être d'Hollande.

ARTICLE III.
Du Papier verni.

652. Le papier verni sert à calquer ; c'est ordinairement le papier Serpente d'Hollande que l'on emploie pour le faire, en passant dessus un vernis blanc siccatif.

653. Le papier huilé dont nous allons parler est préférable pour calquer au papier verni, parce que ce dernier se casse et que toutes les cassures s'y

voient en blanc : on peut les faire disparoître en chauffant le papier, mais c'est au détriment de sa qualité, alors il devient encore plus sec, et par conséquent plus cassant.

Article IV.

Du Papier huilé.

654. Ce papier est extrêmement commode pour calquer, en ce qu'il est aussi transparent que le papier verni, et il a cet avantage que l'on peut laver dessus à l'encre et aux couleurs comme sur le papier d'Hollande, si l'on prend le soin de le bien faire.

654. Il a encore un autre avantage, c'est que les teintes et les traits, quels qu'ils soient, peuvent s'enlever très-facilement avec l'éponge et un peu d'eau.

Manière de faire le papier huilé pour le rendre propre à laver à l'encre de la Chine, à peindre à l'Aquarelle ou à la gouache, comme sur le meilleur papier d'Hollande.

656. Choisissez du papier Serpente d'Hollande; à son défaut, le papier Serpente ordinaire bien choisi pourra servir, mais préférez celui d'Hollande; vous le ferez battre et rogner, car le papier qu'on destine à être huilé doit être battu comme les feuilles d'un livre qu'on veut relier : vous aurez une mixtion composée ainsi qu'il suit.

Dose pour quatre mains de papier.

Une livre d'huile clarifiée ou siccative;
Une demi-livre d'essence de thérébenthine;
Et un quarteron de vernis blanc.

657. Mêlez le tout ensemble sans trop remuer;

CHAP. V. DES OBJETS USUELS. 139

dans la crainte de faire mousser, et employez à froid.

658. Mettez vos quatre mains de papier sur la table ; trempez une éponge, ou une moyenne brosse, mais douce, dans votre mixtion ; frottez légèrement chaque feuille des deux côtés, et passez-les sur-le-champ au-dessus d'un réchaud de feu ardent, pour exciter l'huile à pénétrer dans l'intérieur de la feuille de papier, étendez ensuite votre papier sur une corde pour le sécher : il en sera ainsi de chacune des autres feuilles jusqu'à la fin de vos quatre mains.

659. Vous les laisserez ainsi étendues pendant huit jours ; au bout de ce tems, vous prendrez chaque feuille et vous l'essuierez des deux côtés avec un linge fin et sec, que vous changerez chaque fois que vous le trouverez trop gras pour essuyer. Vous les laisserez encore une quinzaine de jours sur les cordes ; après quoi, vous détendrez votre papier, et avant de le serrer (dans un lieu sec et hermétiquement fermé), vous repasserez chaque feuille des deux côtés avec un linge bien propre et un peu humide : alors le papier se conservera très-bon et très-clair, et quoiqu'au bout de quelques années il jaunisse un peu, il ne perdra ni de sa qualité ni de sa transparence.

660. Chaque fois que vous voudrez vous servir de ce papier, soit pour laver à l'encre de la chine, soit pour peindre à l'Aquarelle, passez dessus le côté où vous voulez dessiner, une éponge un peu humide, et essuyez ensuite votre feuille ; quand elle sera sèche, vous y dessinerez et vous peindrez ce que vous voudrez.

661. Nous observons qu'il est bon de choisir un beau tems d'été pour faire le papier huilé.

ARTICLE V.

Des Crayons.

662. Tous les crayons propres au Dessin de l'Architecture, sont tous faits de mine de plomb ; il y en a de deux sortes, les crayons dits de mine, et les capucines : les premiers ont douze à quinze lignes de long, et ne peuvent servir que dans des porte-crayons ; les capucines ont six à sept pouces de longueur. Nous en parlerons ci-après.

Des Crayons de mine.

663. Il y en a de deux espèces, la commune et la fine ; mais la commune est si tendre et si graveleuse, que nous n'en parlons que pour prévenir qu'on doit éviter de s'en servir : nous ne nous attachons qu'à la fine, qui est la seule dont on doit faire usage. Ces crayons ont, comme nous venons de le dire, douze à quinze lignes de long ; ils sont quarrés par un bout, et pointus par l'autre. Il y en a de trois qualités, de la tendre, de la moins tendre, et de la dure. La tendre a la coupe unie et luisante ; aussi la pointe s'émousse aisément. La moins tendre lui est préférable ; elle a aussi la coupe unie et luisante, mais la pointe se maintient plus solidement. Enfin, la dure ne marque que difficilement et en appuyant fortement ; ce qui gâte le papier, le trace comme si on avoit calqué à la pointe, et empêche qu'on puisse effacer les traits de crayon avec la mie de pain ou avec la gomme élastique. On reconnoît facilement cette qualité inférieure ; elle n'a pas la coupe unie et luisante des deux premières.

CHAP. V. DES OBJETS USUELS.

Des Capucines.

664. Les capucines, ainsi que nous venons de le dire, ont six à sept pouces de longueur; ce sont de petits prismes de mine de plomb fine, d'un quart de ligne quarré, hermétiquement ajustés dans l'intérieur d'un bâton cylindrique d'un bois tendre et doux sous le canif. Ce bois est ordinairement de cèdre et de diverses grosseurs; mais les crayons ont toujours à-peu-près la même grosseur, quelque soit le diamètre du bois.

664. Ces crayons sont très-commodes à la main, au transport, et font toujours beaucoup plus de profit que les autres.

666. Il y en a de deux espèces, de la commune et de la fine; la première est connue sous le nom de *probatum*, et la seconde sous celui de crayons anglais. La première est bonne seulement à tirer des lignes; la seconde est excellente pour tout, lignes, paysages et ornemens; elle est plus noire et cependant s'efface plus facilement.

Des Crayons de Conté.

667. Depuis quelques tems il s'est établi à Paris une manufacture de capucines connues sous le nom de *crayons de Conté*, qui en est l'inventeur. Ces crayons sont de deux espèces, l'une pour le dessin, et l'autre pour les lignes; c'est de cette dernière que nous nous occupons, l'autre ne regardant et n'intéressant, à proprement parler, que les Peintres.

668. Il y en a de quatre qualités, depuis la plus plus tendre jusqu'à la plus dure; elles sont désignées par ces mots : *Conté, à Paris, lignes n.^{os}* 1, 2, 3 *ou* 4, imprimés en creux sur le bois même du crayon.

669. Le n.° 1 est le plus tendre ; il est propre à tirer des lignes fortes et noires, à dessiner et à écrire : il s'efface difficilement.

670. Le n.°. 2 peut servir aux mêmes usages ; il a un degré de fermeté au-dessus du n.° 1 : il imite les crayons anglais tendres.

671. Le n.° 3, plus ferme que les précédens, peut servir à dessiner les Plans, les Machines, l'Architecture, la Fortification et la Carte : il imite les crayons anglais fermes.

672. Le n.° 4, le plus ferme de tous, peut tenir lieu de *probatum* (666).

ARTICLE VI.

Des Plumes.

673. Les meilleures plumes pour dessiner l'Architecture, sont les plumes d'oie des bouts de l'aîle droite, c'est-à-dire, celles dont la grande barbe regarde le pouce.

674. On doit toujours choisir les plumes claires, parce qu'elles se fendent plus nettement, et parce qu'étant moins épaisses, elles sont plus faciles à tailler pour les lignes fines. Comme les vieilles sont les meilleures, quand elles ont été gardées dans un lieu bien sec, on aura grand soin d'en faire provision, et de les conserver à l'abri de l'humidité.

675. Il en est de même pour les plumes de corbeau, que l'on doit préférer pour les objets extrêmement petits et précieux, elles sont beaucoup plus difficiles à tailler : mais cet obstacle une fois vaincu, on en est bien récompensé, car elles se maintiennent bonnes bien plus long-tems.

676. Les plumes de cigne ne sont guère bonnes qu'à faire les cadres ou bordures, étant trop

épaisses pour les tailler finement, et trop grosses entre les doigts pour s'en servir avec facilité.

677. Si les plumes dont on se trouve obligé de se servir n'étoient ni vieilles ni sèches, on pourroit les dégraisser et les améliorer en les *hollandant;* ce qui se fait en passant vivement sa plume une ou deux fois dans de la cendre très-chaude. Cette opération lui ôtera sa graisse et son humidité.

ARTICLE VII.
DE LA COLLE A BOUCHE.
Manière de la faire.

678. Prenez une once de colle de Flandres, la plus claire et la plus blanche; mettez-la tremper pendant dix à douze heures; tirez-la de l'eau et faites-la fondre sur de la cendre chaude dans un poëlon de terre neuf, et ajoutez une once de sucre blanc ordinaire; puis versez-la dans le creux d'une assiette posée de niveau, afin qu'elle soit par-tout de même épaisseur. Lorsque la colle sera refroidie, vous la couperez par tablettes d'environ un pouce de large sur trois à quatre de long. Au lieu d'assiette, on pourra se servir d'un moule de fer-blanc, comme ceux dont on se sert pour faire les biscuits. Si l'on veut que la colle ait un goût plus agréable, on peut y joindre pour un ou deux sous d'eau de fleur d'orange.

Son usage & manière de s'en servir.

679. Cette colle sert, 1.° à coller le papier sur la table (638), 2.° à joindre plusieurs feuilles ensemble pour n'en faire qu'une (634).

680. Pour coller le papier sur la table, ou pour joindre ensemble plusieurs feuilles, le papier étant

posé sur la table, comme nous l'avons dit (638), on met un bout de cette colle dans la bouche, on la tient avec les lèvres, et on la mouille avec la langue. Lorsque l'on sent que la salive est bien gluante, on frotte légérement avec cette colle ainsi mouillée le dessous des bords du papier que l'on veut coller sur l'autre feuille ou sur la table, dans une longueur de deux à trois pouces, puis on applique cette partie mouillée sur celle qui ne l'est pas, et l'on frotte fortement avec l'ongle du pouce la partie de deux à trois pouces que l'on veut coller, en mettant sous le pouce un petit papier que l'on tient avec les doigts de l'autre main. Ce frottement échauffe le papier, fait pénétrer & sécher promptement la colle.

ARTTICLE VIII.

De la Gomme élastique.

681. Depuis la dernière édition de l'ouvrage de Buchotte, on a étendu les propriétés de la gomme élastique à la pratique du Dessin. On s'en sert avec grand succès pour effacer le crayon de mine de plomb. Cette gomme se trouve non-seulement chez tous les Marchands d'instrumens, mais encore chez les Epiciers-Droguistes : ils la vendent en forme de bouteille, ou bien ils la divisent par petits carrés de dix-huit à vingt-quatre lignes de côtés, qui coûtent de 12 à 20 sous. La plus commode est la plus épaisse ; il faut qu'elle soit épaisse de deux lignes, ou tout au moins d'une ligne et demie ; alors seulement elle a assez de fermeté, et l'on peut la soutenir et n'effacer qu'une seule ligne à la fois. C'est toujours sur son épaisseur que l'on doit s'en servir pour effacer, et sans appuyer ; autrement, on éraille le papier et on le déchire.

ART.

ARTICLE IX.
De l'Alun.

682. Nous avons vu (111) que l'alun a la propriété d'empêcher le papier de boire, c'est-à-dire, qu'il fixe les couleurs à la surface sans qu'elles s'étendent ni pénètrent à l'intérieur. C'est un sel blanc et transparent que l'on trouve chez tous les Epiciers.

683. Pour en faire l'usage précité, on en mettra un morceau dans un demi-verre d'eau ; on le fera fondre, en remuant avec le doigt, jusqu'à ce que l'eau en soit imprégnée, ce que l'on peut juger en portant le doigt sur la langue ; si l'eau pique assez fortement, elle est suffisamment chargée de sel. Trop chargée, elle rendroit le dessin sec et dur; et trop peu chargée, elle laisseroit boire encore le papier. L'expérience apprendra ce que l'on ne peut qu'indiquer ici.

ARTICLE X.
Des Couleurs en général.

684. Les couleurs dont on se sert ordinairement dans le dessin de l'Architecture civile et militaire, sont : l'*encre de la Chine*, la *scepia*, le *carmin*, l'*encre rouge*, l'*outremer*, la *gomme gutte*, le *vert-de-gris liquide*, nommé communément *vert-d'eau*, le *bistre*, la *terre d'ombre*, l'*inde* ou l'*indigo fin*, le *vert de vessie*, le *vert d'iris*, le *bleu de Prusse* et le *vermillon*.

685. L'ENCRE DE LA CHINE est une composition en forme de pains ou bâtons de différentes grandeurs, ornés sur leurs faces d'une impression de caractères et de figures d'animaux fabuleux, dont la plupart sont en creux et recouverts d'une

feuille d'or (*). La meilleure est d'un noir luisant, un peu roussâtre et dure à détremper. On la contrefait en Hollande et à Paris ; mais il s'en faut de beaucoup qu'elle soit aussi bonne et aussi belle que celle de la Chine. Dans celles contrefaites, on en distingue de boueuse et de graveleuse, toutes deux incapables de pouvoir servir, même à faire des cadres, car jamais elles ne sont bien noires.

686. Pour connoître la véritable encre de la Chine, il faut frotter le bout du pain dans une soucoupe avec un peu d'eau, retirer le pain, le laisser sécher séparément, et laisser aussi sécher dans la soucoupe l'encre que l'on a faite. Si, après que l'un et l'autre sont secs, l'encre faite et la partie de pain qui a frotté sont troubles, graveleuses et d'un noir triste, c'est une marque infaillible qu'elle ne vaut rien : si, au contraire, elles sont claires, unies et luisantes, l'encre est bonne et certainement de la Chine.

On reconnoît encore la bonté de l'encre de la Chine, en la frottant sur l'ongle après l'avoir mouillée. Il faut alors observer si elle est graveleuse, ou unie et sans gravier. Dans le premier cas elle est d'une qualité inférieure, et dans le second elle est bonne, sur-tout si elle présente une couleur cuivrée. Nous remarquerons que plus l'encre de la Chine est unie et de couleur cuivrée, meilleure elle est.

687. Cette encre est d'une nécessité absolue pour le dessin de l'Architecture, et doit être préférée à la scepia, au bistre et à toutes ces autres

---

(*) Il y a de l'or faux que l'on connoît d'abord à sa pâleur, et par la suite au vert-de-gris qui s'y attache ; méfiez-vous de la bonté de l'encre qui porte cet or.

mixtions qu'on emploie de préférence quand on n'a pas acquis l'habitude de s'en servir.

688. La scepia est une couleur liquide que l'on achète en bouteille et qu'on emploie pour laver les dessins; quand on ne sait point choisir l'encre de la Chine ou s'en servir, on trouve la scepia plus belle. Cette couleur est le fiel de sèche apprêté.

On l'imite par une composition qui ne remplit jamais l'effet de la vraie scepia.

Cette composition, ainsi que la vraie scepia, a le ton mitoyen entre l'encre de la Chine et le bistre, ou pour mieux dire, elle tient des deux couleurs réunies. Avec un peu d'habitude, on peut faire des dessins assez agréables, quand l'harmonie et l'accord ne sont pas les bases de l'effet qu'on se propose.

689. Le carmin est une poudre impalpable. Pour qu'il soit beau et bon, il doit être de couleur de feu vif, et non tirant sur le sang de bœuf; ainsi, le plus foncé en couleur n'est ni le plus beau ni le meilleur. Voici la marque infaillible qui fait connoître aisément sa bonne ou sa mauvaise qualité: Si, après l'avoir délayé avec de l'eau gommée, dans un vase de faïence, il ne se dépose pas uniment, c'est-à-dire, si le vase est marbré et d'un ton terne et triste, le carmin ne vaut rien; si l'on voit le contraire, et que la partie la plus épaisse, celle du fond, se détache de l'émail du vase après qu'il est bien sec, le carmin est beau et bon; il ne peut l'être trop pour laver; mais pour tirer des lignes, il n'est pas absolument nécessaire qu'il soit si beau. Nous remarquons encore que le plus beau fait plus de profit que le commun (727).

690. L'encre rouge que l'on trouve chéz les

Marchands de couleurs et de papier, est d'une très-grande commodité pour tirer des lignes et faire des traits qui n'exigent pas une force de ton supérieure. Elle est généralement foible, mais elle coule facilement dans la plume et s'étend parfaitement sur le papier avec le pinceau. Il faut avoir soin de secouer la bouteille avant de s'en servir. L'expérience fera voir qu'après cette attention elle a un ton plus vif (726 et 727).

> *N. B.* L'encre rouge que fabrique le citoyen Guyot étant sans aucun sédiment, n'a pas besoin d'être remuée avant d'être employée, ce qui suppose toujours une encre mal faite (726 et 727).

691. L'OUTREMER est aussi une poudre impalpable; il doit être d'un bleu céleste, assez tendre, et non tirant sur le turquin : ainsi, le plus pâle est le plus beau quand il est employé. On le délaye de même que le carmin, avec de l'eau gommée; mais il est difficile de s'en servir.

692. LE BLEU DE PRUSSE se trouve en pierre, ou en poudre toute prête à délayer avec de l'eau gommée. Cette couleur approche fort de celle de l'inde ou indigo; elle n'est pas plus belle, mais plus facile à employer sur le papier. S'il étoit en pierre, il faudroit le broyer à sec sur un marbre avant de le gommer.

693. LA GOMME GUTTE, gomme résineuse et cassante qui vient des Indes et qui est extrêmement jaune; elle est d'un grand usage dans le dessin de la Fortification; elle y sert particulièrement pour en laver les projets. Cette gomme sert aussi à peindre en miniature. Il n'y a aucun choix pour cette couleur qui, peut-être, est la moins chère, car pour deux à trois sous, on en a pour six mois à s'en servir tous les jours.

CHAP. V. DES OBJETS USUELS. 149

694. Il y a aussi du jaune liquide que l'on fait avec de la graine d'Avignon (725).

695. LE VERT D'EAU, OU VERT-DE-GRIS LIQUIDE, doit, pour qu'il soit beau, être d'un bleu céleste et non tirant sur le vert. Cette couleur est très nécessaire pour imiter les eaux (719). Au défaut de vert d'eau, on se servira du premier mélange décrit (712).

696. LE BISTRE est une couleur de bois : il n'y a aucun choix à faire, parce que l'on ne peut pas le faire mauvais. Cette couleur sert à laver tous les ouvrages de charpente et de menuiserie. On en vend de sec dans des coquilles, et de liquide, dans des fioles de verre. Au défaut de bistre, on se servira, avec assez d'avantage, de jus de réglisse.

697. LA TERRE D'OMBRE, couleur jaune terreuse, un peu plus brune que le bistre. Cette couleur est très bonne pour les terreins, les terrasses dans les chemins, dans les bois ; belle et claire, elle imite assez bien le ton de la pierre ; elle se délaye, comme le carmin, avec l'eau gommée.

698. L'INDE OU INDIGO FIN, couleur d'un bleu turquin qui sert à laver tout ce qui est de verre, de fer et d'ardoise. Mais comme il n'est pas aisé à employer, quelque soin qu'on prenne en le gommant, nous donnerons (717) la manière de faire une couleur propre au même usage, qui est plus belle et plus facile à étendre uniment.

699. LE VERT DE VESSIE, suc épaissi du *noirprun*, porte naturellement sa gomme. Ce suc, étant sec, est cassant et friable ; il est d'un vert noir avant d'être employé, et sur le papier, d'un vert jaunâtre. Il n'y a point de choix pour cette couleur, qui tient peu sur le papier. La moindre hu-

midité la rend liquide, et pour peu qu'on y touche dans ces momens, on l'enlève avec ce qui en approche. Ces inconvéniens nous engagent à conseiller de choisir le mélange (712), qui en tiendra lieu avec avantage.

700. LE VERT D'IRIS, suc épaissi de la fleur du même nom; ce suc porte sa gomme, et il se vend en coquilles. Ce vert est plus beau et plus gai que le vert de vessie, et sert aux mêmes usages.

701. LE VERMILLON, poudre impalpable, d'un rouge de feu. Le plus foncé est le meilleur; il sert pour les couvertures de tuile, pour laver les plans d'Architecture civile, en y mêlant un peu de carmin; il sert encore dans les plans de Fortification et dans les Cartes, comme on a pu le voir aux articles respectifs de ces objets.

702. De toutes ces couleurs, il n'y a que le vermillon, l'outremer et l'indigo qui soient opaques, c'est-à-dire, dont le lavis ait un corps épais et non transparent; et comme ces deux dernières sont très-difficiles à employer uniment, nous donnerons (712 et suiv.) la manière de mélanger des couleurs qui en tiennent lieu, et qui seront d'un lavis plus facile et plus expéditif.

703. Depuis plusieurs années, on trouve chez tous les Marchands d'instrumens du dessin des boîtes dites *acquarelles*, composées de toutes les couleurs propres et nécessaires au dessin. Ces couleurs sont en forme de petits pains, tout gommés et tout prêts à être délayés comme on fait de l'encre de la Chine; ce qui est très commode et très expéditif (728).

ARTICLE XI.

Préparations, emploi et conservation de quelques couleurs.

704. L'EAU GOMMÉE étant d'un usage presque général pour toutes les couleurs, et présidant, pour ainsi dire, à leur préparation, nous commençons par en donner la recette et l'usage. Elle se fait avec de la gomme arabique, dont on choisit la plus blanche, afin qu'elle ne gâte pas les couleurs : on en mettra fondre un gros et demi dans un verre d'eau claire, que l'on conservera dans une petite fiole de verre. Elle sert à délayer toutes les couleurs en poudre, en en mettant deux ou trois gouttes pour une pincée de poudre que l'on broye avec le bout du doigt dans une tasse. L'expérience apprendra la juste proportion de l'une et de l'autre.

705. Le *carmin*, l'*outremer*, le *vermillon* et le *bleu de Prusse* se délayent dans une tasse de faïence, avec de l'eau gommée et avec le doigt, en observant que l'un et l'autre soient bien propres. Comme le carmin et l'outremer sont très chers, et que ce qui s'attache aux doigts est perdu, nous conseillons, pour plus grande propreté et par économie, de broyer ces couleurs avec un petit bâton d'ivoire de trois à quatre pouces de long sur trois à quatre lignes de diamètre, et plat aux deux bouts, dont l'un serviroit pour l'outremer, et l'autre pour le carmin.

706. Il faut broyer peu de ces couleurs à la fois, surtout du carmin, parce qu'en vieillissant il devient d'un rouge sang-de-bœuf, lorsqu'on le laisse à l'air. Ainsi, pour le conserver beau, il faut avoir soin, dès qu'on ne s'en sert plus, de l'enve-

lopper d'un double papier, pour empêcher l'air de le noircir, et la poussiere de le salir.

708. L'*encre de la Chine* se délaye en frottant légèrement le bout du pain avec un peu d'eau dans un vase de faïence, en forme de soucoupe, *Pl. XVIII*, *fig.* 16, jusqu'à ce qu'elle soit assez noire, suivant ce qu'on doit faire, observant de n'en pas trop délayer à la fois. Il faut bien se garder de faire fondre des morceaux d'encre dans de l'eau, et de se servir deux fois de la même encre, c'est-à-dire, qu'après que le reste de l'encre est séché, de ne point y remettre de l'eau et de la rebroyer avec le doigt. Ces deux moyens, sont très mauvais ; il en résulte toujours que l'encre est boueuse et ne coule pas lorsqu'on tire des lignes, et que lorsqu'on lave par-dessus des lignes, elles se déteignent et salissent le dessin : d'ailleurs, il est impossible de laver uniment avec de l'encre refaite, on marbre toujours, quelque soin que l'on prenne.

709. L'*indigo* se met tremper dans de l'eau gommée, et quand il est fondu, on le broye avec le doigt (704 et 698).

710. La *gomme gutte* se broie comme l'encre de la Chine (708).

711. Le *vert d'eau* et le *bistre liquide* portent leur gomme ; ils se conservent dans des fioles de verre. Quand on aura, par mégarde, laissé sécher du vert d'eau dans une tasse, on l'en détachera avec du vinaigre.

ARTICLE XII.

Du mélange de quelques couleurs.

712. Bleu et jaune font VERT ; la gomme gutte avec le bleu de Prusse, et à son défaut l'outremer, fait un très-beau VERT.

713. La gomme gutte avec le vert d'eau fait aussi un VERT gai.

714. On rend le VERT de vessie fort gai en y mettant un peu de vert d'eau.

715. Jaune et rouge, diversement variés, font de belles couleurs de BOIS, de TERRE et de SABLE. Ainsi la gomme gutte et un peu de carmin font une couleur propre à laver les FOSSÉS secs des ouvrages; avec un peu moins de carmin cette couleur convient pour la CHARPENTE; et avec encore moins de carmin, elle est bonne pour les SABLES des jardins: à ces deux couleurs ajoutez un peu d'encre de la Chine, vous en aurez une qui convient parfaitement pour les TERRES LABOURABLES.

716. Noir et bleu font un GRIS D'ARDOISE; ainsi le bleu de Prusse, et à son défaut l'indigo, avec un peu d'encre de la Chine, donnent une couleur propre à laver tout ce qui est FER et ARDOISE. La même couleur, mais plus claire, convient très-bien pour le VERRE. Le vert d'eau, avec un peu d'encre de la Chine, sert au même usage; nous avertissons cependant que le vert d'eau fait toujours un mauvais effet avec l'encre de la Chine, & qu'il la décompose; quoi qu'il en soit, ce mélange est encore à préférer à l'indigo.

717. Le bleu de Prusse, avec très peu de vert de vessie, ou d'iris, ou de vert d'eau, fait une couleur bonne pour le VERRE, la teinte étant fort claire.

718. Bleu et rouge font POURPRE; si le bleu domine, c'est VIOLET; si, au contraire, le rouge domine, c'est GRIS DE LIN. Ainsi le carmin et l'outremer peuvent faire une couleur de POURPRE et de GRIS DE LIN très belle.

ARTICLE XIII.

Manière de faire diverses couleurs.

Le Vert d'eau.

719. Prenez deux onces de vert-de-gris ordinaire, une demi-once de tartre blanc de Montpellier, et gros comme une noisette de gomme arabique ; mettez le tout en poudre grossière dans un pot de terre plombé à neuf ; jettez dessus ladite composition trois verres d'eau commune, et faites la infuser sur la cendre chaude en hiver pendant deux ou trois heures, et en été dans une bouteille de verre exposée à l'ardeur du soleil pendant environ quinze jours ; ensuite filtrez cette liqueur à travers un papier gris du plus fin, que vous ajusterez dans un entonnoir de verre sur une bouteille de verre fort, dans laquelle vous garderez la liqueur, en la fermant avec un bouchon de liége recouvert de cire (721).

Le Bistre liquide.

720. Prenez de la suie de cheminée luisante, s'il est possible, pulvérisez la, et faites la infuser dans de l'eau sur la cendre chaude, jusqu'à ce que la liqueur soit assez haute en couleur, et filtrez la comme nous venons de le dire (719).

721. Il faut que ces liqueurs soient parfaitement froides lorsqu'on les filtre ; car si elles étoient chaudes, la chaleur ouvriroit les pores du papier, et le feroit déchirer ; il passeroit avec la liqueur un limon fin qui gâteroit la beauté de la couleur.

Le Bistre sec.

722. On prendra le bistre liquide qu'on aura filtré, on le fera sécher au soleil ou au feu dans une

tasse ou coquille, en la remplissant à mesure que la liqueur s'évapore : si on le fait sécher au four, il faut bien prendre garde de ne pas laisser brûler la liqueur, le bistre perdroit tout son brillant, et sa gomme naturelle seroit de nul effet, étant détruite. On connoîtra que le bistre est assez sec quand il aura acquis la consistance de la cire molle ou du miel ferme; s'il étoit dur comme la pierre, il ne pourroit plus se détremper.

Le Vert de vessie.

723. Prenez de la graine de *noirprun* bien mûre, et la pilez dans un mortier de marbre : ensuite exprimez en le suc à travers un gros linge, et mettez le sécher dans une vessie.

Le Vert d'iris.

724. Prenez des fleurs d'iris, des plus bleues, ôtez en la côte, qui est ordinairement blanche ; pilez ces fleurs dans un mortier de marbre, en y ajoutant de la poudre d'alun et un peu de chaux en poudre ; tirez ensuite le suc, et faites le sécher dans des coquilles.

Le Jaune liquide.

725. Prenez un demi-quarteron de graine d'Avignon, pilez la un peu, et faites la bouillir pendant une heure dans une pinte d'eau ; lorsque la pinte sera réduite à moitié, et dix minutes avant de la retirer du feu, ajoutez y gros comme une petite noix d'alun, ensuite vous la passerez à travers un linge, et vous la mettrez dans une fiole de verre, quand elle sera refroidie.

ARTICLE XIV.

Apperçu des prix des instrumens et des objets usuels, dont on fait le plus de consommation.

726. Les prix des marchandises sont si sujets à varier, que nous ne les mettons ici que pour nous conformer à l'usage établi de les indiquer dans chaque édition de ce Livre. Nous avons corrigé et augmenté la liste de ces marchandises. Nous avouons cependant que cela ne peut servir tout au plus qu'à donner un apperçu de la dépense qu'on auroit à faire, si l'on vouloit s'assortir des objets nécessaires.

Des Instrumens.

Les trois compas avec leurs pointes en acier, les portes-crayons à tire-lignes brisés et les ralonges................................	36 à 40 fr.
Une règle de deux pieds en poirier,	1 fr. 50 c.
Une règle d'un pied.............	1 fr.
L'équerre avec sa règle.........	1 fr. 50 c.
Deux canifs pour les crayons et les plumes...............................	2 fr. 50 c.

Du Papier d'Hollande.

La main de grand aigle vaut....	12 et 14 fr.
La main de colombier...........	7 et 8 fr.
La main de nom de Jésus.......	4 à 6 f.
La main de grand raisin........	3 à 5 fr.
La main de petit raisin.........	50 c. à 3 fr.
La main de fleur de lys.........	2 fr. 50 c.
La main du double compte...	2 fr. et 2 fr. 50 c.
La main de serpente............	2 fr.
La même battue et rognée......	2 fr. 50 c.
La même vernie................	5 fr.
La même huilée................	3 fr.

La même de serpente de France.. 75 c.
La même battue et rognée....... 1 fr. 20 c.

Des Plumes.

Le cent des bouts d'aîles, depuis 1 fr. jusqu'à 6.
Le cent de plumes de corbeau... 3 et 4 fr.

Des Crayons.

Les capucines fines, dites *crayons anglais*.. 1 fr.
Les *probatum*................. 15 et 20 c.
Les crayons de Conté........... 30 c.

Des Pinceaux.

Les petits pinceaux à laver la carte, 5 et 10 c.
Les petits à laver, montés en plumes d'oie................................. 25 et 30 c.
Les mêmes avec plumes de cigne.. 50 et 75 c.
Les moyens.................... 1 fr.
Les gros................. 1 fr. 50 c. et 2 fr.

De l'Encre de la Chine.

Le pain ou bâton d'encre de la Chine de deux pouces de long sur sept à huit lignes de large et trois d'épaisseur, fait en Hollande ou à Paris, commune....................... 1 fr. 20 c.
Meilleure..................... 1 fr. 80 c.
Celle qui est véritablement de la Chine, et du volume que nous venons d'indiquer.................. 3 fr.
La plus fine et la plus belle..... 6 fr.

Des Couleurs.

L'once de carmin............... 3 à 9 fr.
Le carmin liquide du C. Guyot, la petite bouteille................... 3 fr.
L'once de gomme gutte......... 1 fr.
L'once de vert de vessie........ 75 c.

L'once de vermillon le plus beau........ 1 fr.
L'once de gomme arabique ou du Sénégal, 50 c.
La coquille de bistre sec................. 60 c.
La coquille de vert d'iris................ 40 c.
L'outremer, à peu près comme le carmin.
Le bleu de Prusse.........⎫
La graine d'Avignon......⎬ l'once, 40 à 50 c.
L'indigo..................⎪
La terre d'ombre.........⎭
L'encre bleue...........⎫
— grise...............⎪
— jaune...............⎬ la petite bouteille, 75 c.
— rouge (690).....⎪
— verte...............⎭
— rose................⎱ la petite bouteille, 1 fr.
— violette............⎰
— bistre..............⎱ la petite bouteille, 75 c.
— vert d'eau.........⎰

727. On trouve chez le C. Guyot, rue du Mouton, n.° 76, du carmin liquide parfaitement dissous et d'une très belle couleur (689), ainsi que des encres bistre, bleue, grise, jaune, rose, rouge, vert d'eau, verte, violette, toutes préparées. Cette maison, connue depuis longtems pour la fabrication de toutes sortes d'encres, a un magasin très assorti en papiers de France et de Hollande les plus propres au dessin et au lavis.

728. Nous avons parlé (703) des boîtes dites *acquarelles* : nous donnons ici le détail de celles qui se trouvent dans le magasin du C. Hubert, demeurant quai de l'Horloge, n.° 47, à Paris. Ces couleurs, approuvées par le Lycée des Arts, sont renfermées dans des boîtes de douze, de dix-huit ou de vingt-quatre pains. Celles de douze pains qui conviennent particulièrement pour les lavis

CHAP. V. DES OBJETS USUELS.

des plans, sont composées des couleurs suivantes:

Bistre. Laque.
Bleu de Prusse. Ocre jaune.
Brun rouge. Terre d'ombre.
Cendre bleue. Terre de Sienne.
Cendre verte. Vermillon.
Gomme gutte. Vert de vessie.

La boîte de dix-huit pains contient de plus :

Indigo. Ocre rouge.
Jaune de Naples. Terre d'ombre calcinée.
Noir d'ivoire. Vert minéral.

Celle de vingt-quatre pains est composée des douze couleurs renfermées dans la boîte de douze pains, et des suivantes :

Blanc. Orpin rouge.
Indigo. Terre de Cologne.
Jaune de Naples. Terre d'ombre calcinée.
Minium. Terre de Sienne calcinée.
Noir d'ivoire. Vert minéral.
Orpin jaune. Vert végétal.

Outre les couleurs indiquées ci-dessus, le Cit. Hubert tient aussi des pains de

Blanc de plomb. Sanguine.
Bleu minéral. Scepia.
Carmin. Scepia coloriée.
Jaune minéral. Stil de grain brun.
Laque violet. Terre de Cassel.
Pierre de Field. Vert de montagne.
Sang de dragon.

Le prix de chacun de ces pains, soit en boîte, soit séparément, est de 75 c., à l'exception de celui de carmin, qui se vend depuis 2 fr. 75 c. jusqu'à 5 fr., suivant le degré de beauté.

729. On trouve aussi chez le C. ANTHEAUME, parvis Notre-Dame, n.° 5, un assortiment de très belles couleurs broyées et pulvérisées : elles sont contenues dans de petites bouteilles, renfermées elles mêmes dans une boîte.

Cet assortiment composé des vingt-cinq couleurs dont voici l'indication,

Bistre.	Ocre jaune.
Blanc de plomb.	Ocre rouge.
Blanc léger.	Orpin jaune.
Bleu de Prusse.	Orpin rouge.
Brun rouge.	Outremer.
Carmin.	Stil de grain d'Angleterre.
Cendre bleue.	Stil de grain de Troyes.
Indigo.	Terre de Cologne.
Jaune de Naples.	Terre d'Italie.
Laque.	Terre de Sienne.
Massicot.	Terre de Sienne non brûlée.
Noir d'ivoire.	
Ocre de rut.	Vermillon.

et de trois tons d'outremer, et rouge de Saturne, est du prix de 26 fr.

Chacune des différentes couleurs dénommées ci dessus, se vend séparément. Elles sont pour lors contenues dans de petits paquets.

730. On peut aussi s'adresser pour tous ces objets, chez les CC. BARROIS l'aîné et fils qui rempliront avec exactitude toutes les demandes qui leur en seront faites.

VOCABULAIRE

VOCABULAIRE
COMPOSÉ DE TOUS LES MOTS
CONSACRÉS A LA PRATIQUE DU DESSIN,
EMPLOYÉS DANS LE COURS DE L'OUVRAGE,
ET SERVANT DE
TABLE DES MATIÈRES.

Les chiffres indiquent les paragraphes cités, et non les pages.

A

ABBAYE, maison où vivent des Religieux ou Religieuses sous la direction d'un Abbé ou d'une Abbesse ; comment s'exprime, soit en plan, soit en élévation (301), pour les cartes (441).

ACCORD, conformité et convenance de formes, de tons et de couleurs réunies (103 jusques et compris 135).

ADOUCIR, c'est avec le pinceau à l'eau *éteindre le bord* d'une teinte immédiatement après l'avoir posée, pour la faire passer *subitement* de sa couleur ou de son ton naturel au blanc du papier. Il ne faut pas confondre adoucir avec fondre. Voyez *fondre une teinte*.

AIGUILLES A COUDRE ; leur utilité pour piquer les dessins (voyez *Piquoir*).

ALCOVE, décoration de menuiserie dans une chambre à coucher, formant une cellule dans laquelle on met le lit (14).

ALLÉES, chemin bordé d'arbres ; allées simples (76), ou en berceaux (78).

L

ALUN, sel minéral ; son utilité (111) ; manière de s'en servir (682 et 683).

ANGLE DE RÉDUCTION ; ce que c'est (618) ; moyen de le construire pour réduire (619) ; pour grandir (621).

ANSE DE PANIER, arc formé de plusieurs centres dont la montée est moindre que la retombée.

ANTICHAMBRE, première pièce d'un appartement (10).

ANTE, voyez *Ente*.

ARBRE, plante à haute tige qui pousse de grosses racines et de grosses branches. — Arbre isolé (82, 305). — Arbre de remarque (302). — Arbres en buisson ou masse d'arbres (304). — Arbres dans les jardins de propreté et sur les dessins de fortification (224).

ARC, portion de cercle formé d'un ou de plusieurs centres.

——— DOUBLEAU, arc formant épaisseur sur le nu d'une voûte ; comment s'exprime en plan (54).

ARCHITECTURE, art de composer et d'exécuter les édifices.

——— CIVILE, celle qui a pour objet les édifices publics, particuliers, sacrés et profanes ; manière de l'exprimer sur les dessins d'Architecture militaire (213).

——— MILITAIRE, art de composer et d'exécuter la fortification des places de guerre.

ARDOISE, minéral qui se divise en feuilles minces, dont on se sert pour couvrir les maisons. (Voyez *Comble en ardoises* et 70).

ARÊTE, angle saillant que forment deux faces à leur rencontre. (Voyez *Voûte d'arête*.)

ARMÉES, réunion de troupes armées, campées et en bataille (392 jusques et compris 402).

ARRONDISSEMENT DE FOSSÉ, la partie circulaire qui termine les fossés vis-à-vis les angles des bastions ; précaution à prendre pour les tracer (182).

ARSENAL ou ARCENAL, lieu où se tiennent en magasin et où se fabriquent les armes, les poudres, les boulets, les bombes, &c. pour l'approvisionnement d'une armée (231)

ARTILLERIE (405).

AUGES, pierre ou pièce de bois creusée qui sert à donner à manger ou à boire aux animaux ; à boire (9) ; à manger, en bois et en pierre (9). (Voyez *Mangeoire*, et 22.)

B

BABOCHER, c'est avec l'un des pinceaux, lorsqu'on pose une teinte ou qu'on l'adoucit, dépasser le trait que l'on doit suivre, & étendre l'encre ou la couleur au delà de ce trait.

BAC, grand bateau (303).

BAIE, ouverture dans les murs pour servir de passage ou pour donner du jour; dans les plans (28 et 29); dans les façades, s'il y a une porte ou une croisée (228).

BAIGNOIRE, meuble de plomb ou de cuivre étamé, dans lequel on prend des bains. (Voyez *Bain.*)

BAIN, chambre ou cabinet dans lequel est la baignoire; chambre où l'on se baigne (15).

BAJOYERS, murs de côté d'une chambre d'écluse, dont les extrêmités sont fermées par des portes ouvrantes ou des vannes qui se lèvent (255).

BANC, siège en bois ou en pierre beaucoup plus long que large; quand on les indique dans les plans, on met dessus une légère teinte de bois; ou de rouge s'il est de pierre (81).

BANCS DE SABLE, terres arides sur le bord de la mer ou des rivières, où souvent même ils forment des îles. (*Voyez* le banc de sable à gauche de l'île T., *Planche X.*)

BANQUETTE, siége beaucoup plus long que large, empaillé comme les chaises ou recouvert d'étoffe comme les fauteuils. Dans l'Architecture militaire, petit chemin élevé à côté d'un autre plus grand (232).

BARBETTE, lieu découvert et un peu élevé à l'angle flanqué d'un bastion, ou de tout autre ouvrage de fortification (237).

BARRIÈRE, obstacle pour empêcher la communication d'un pont-levis, d'un chemin couvert, ou de tous autres objets.

BASCULE, chassis de charpente placé en équilibre dans l'embrasure d'une porte de ville, pour lever et baisser le pont-levis.

BASSE MER (voyez *Haute et basse mer.*)

BASSIN, est dans un jardin un espace creux revêtu de maçonnerie destiné à contenir de l'eau (43).

BASTION, masse de terre élevée, de forme pentagonale, soutenue de murailles ; saillant au-dehors du corps d'une place de guerre (233). — Bastion plein, celui qui, dans toute sa surface, est de niveau avec les remparts des courtines. — Bastion double ou capital, petit bastion sur un autre qui lui sert de base. — Bastion vide, celui dont l'intérieur est de niveau avec le sol de la ville, n'ayant qu'un rempart au pourtour. — Bastion plat, quand il est en ligne droite, sans angle à son milieu. — Bastion contreminé, qui a en dessous des galeries de contre-mine.

BATAILLE (voyez *Armées en bataille*.)

BATARDEAU (234).

BATIMENS, corps d'édifice quelconque ; particuliers (235).

BATTERIES (236) ; à barbette, celle qui est établie sur une barbette (237) ; de canon (379) ; de mortier (380) ; avec embrasures (238).

BERCEAU, voûte de verdure dans un jardin (78). Voyez aussi *Voûte en berceau*.

BERME (239).

BIBLIOTHÈQUE, salle où l'on conserve les livres ; c'est encore un meuble de menuiserie destiné au même usage.

BISTRE (696) ; liquide (720) ; sec (722).

BLEU DE PRUSSE (692).

BOIRE, se dit du papier ; le papier boit quand la teinte que l'on applique entre subitement dedans sans laisser le tems d'adoucir ni de fondre ; comment on y remédie (voyez *Alun*).

BOIS ou FORÊT (304). — Bois de charpente et de menuiserie ; couleur qui leur convient (42).

BOÎTE A COULEUR (562).

BORDURES, entourages ou cadres des dessins ; comment ils se font dans l'Architecture civile (48), dans l'Architecture militaire (501).

BOULANGERIE, lieu où l'on fait le pain (240).

BOURG, petite ville (306) ; les bourgs ou villages peuvent se faire en plan ou en élévation (306) ; dans les cartes (436).

BOUSSOLE, instrument dont l'aiguille mobile a la vertu de se placer dans la direction du méridien, du nord au sud (486 et suivans) ; pour les cartes maritimes (485).

VOCABULAIRE.

BOYAU DE COMMUNICATION, chemin que l'on creuse dans la terre pour approcher de la ville à l'abri du canon de la place (voyez *Tranchée*).

BRÊCHE, trou fait au mur d'une ville par le canon (386); c'est encore une partie de mur tombée par vétusté.

BRIQUE, pierre plate, factice, rougeâtre; elles s'expriment avec la même couleur que les tuiles (132).

BRIQUETAGE, ouvrage fait en brique (voyez *Brique*).

BRIQUETERIE, lieu où l'on fabrique la brique (307).

BRONZE, se colore en vert, et le cuivre en jaune (132).

BRUYÈRES, espèce de gazonnage (308).

BUANDERIE, lieu disposé et destiné à faire la lessive (24).

BUCHER dans un appartement ou dans un établissement quelconque, lieu où l'on serre le bois.

BUISSON, petit bois de très peu d'étendue (voyez *Bois* ou *Forêt*).

C

CABINET, c'est dans un appartement la chambre destinée au travail (13, 14, 31).

CADRES ou Bordures, grosses et petites lignes que l'on fait autour des dessins pour les encadrer; comment on les fait dans l'Architecture civile (48); dans l'Architecture militaire (501). Voyez *Bordures*.

CAGE, se dit des quatre murs qui entourent un bâtiment ou un escalier, et d'un mur circulaire du pourtour quand il est rond.

CAISSONS, petit charriot à l'armée, couvert en fer, servant à contenir les poudres (406).

CALQUER, contre tirer un dessin sur un autre papier à la glace (613); au papier huilé ou verni (611).

CAMP, étendue de terrein dans la campagne, occupée par une armée; camp retranché quand il est gardé et fortifié par des lignes de contrevallation et de circonvallation. (Voyez *Ligne* et *Tranchée*.)

CANAL, ruisseau artificiel revêtu de gazon; revêtu de maçonnerie ou non revêtu (309); pour les cartes (449).

CANDELABRE pour appartement (13).

CANIF, petit couteau servant à tailler les plumes ou les crayons (538).

CANON, pièce d'artillerie pour lancer les boulets et la mitraille (374 et 405).

CAPONIÈRE, petit corps-de-garde creusé en terre au fond d'un fossé sec (241).

CAPUCINE, espèce de crayon (voyez *Crayons*).

CARMIN, couleur rose (voyez *Couleur* et 40, 689).

CARRIÈRES, excavations en terre d'où l'on tire la pierre, la chaux, l'ardoise, &c. (310).

CARTES, dessins ou plans d'un pays. — Cartes topographiques; manière de les dessiner (295); marques qui leur conviennent (301 et suivans). — Cartes géographiques (417); marques qui leur conviennent (418 et suivans). — Carte particulière (428 et suivans). — Carte d'une province ou d'un département (453). — Carte d'un canton (432). — Carte d'une république (466). — Cartes maritimes (475).

CASERNES (244).

CAVALIER, pièce de fortification (242).

CERCLES, lignes faites avec le compas; attention qu'il faut avoir de les tracer avant les lignes droites (37).

CHAMBRE à coucher, dans un appartement, est celle où l'on couche (14).

CHANFREIN, biseau que l'on donne à l'un des côtés d'une règle, pour en diminuer l'épaisseur apparente (534).

CHANTIERS, pièces de bois couchées en long dans une cave, sur lesquelles on met les pièces de vin (59).

CHAPE, enduit de mortier de ciment et de cailloux que l'on fait sur l'extrados des voûtes, pour les garantir de l'humidité. — Chapes en coupe (207).

CHAPELLE, petite église dans les champs, dans les villes ou dans les châteaux (311).

CHARPENTE; l'art de la charpenterie; tout ce qui est gros bois dans un bâtiment, comme cloison, plancher, &c. — Charpente en coupe (141).

CHASSIS pour dessiner à la vitre; sa construction et ses dimensions; de quel bois il doit être (508).

CHATEAU, grande maison de campagne (312); sur les cartes (440).

CHAUSSÉE, construction de pieux, fascines, terres, pierres, &c. pour retenir les terres, les eaux : c'est aussi la partie pavée d'une route (313).

CHEMIN, passage public dans la campagne (314). — Chemin de ronde (246) — Chemin couvert (245).

VOCABULAIRE.

CHEMINÉE, endroit dans une chambre construit et destiné à y faire du feu (27); celle d'une cuisine (16).

CIMETIÈRE, lieu entouré de mur, destiné à la sépulture des morts (321).

CIRCONVALLATION, ligne formée d'un fossé et d'un parapet de terre que l'on fait en avant d'un camp, d'une place (voyez *Ligne* et *Tranchée*).

CLEF, pierre en forme de coin, placée au milieu d'une doële, et qui ferme la voûte.

COLLE DE FARINE; son usage pour contrecoller les dessins (641). Voyez *Empoix*.

COLLE A BOUCHE; manière de la faire et de s'en servir (678 et suivans).

COLLER le papier sur la table (638); deux feuilles ensemble sans couture apparente (634).

COLLER les dessins et les plans sur la toile, et les décoller sans les endommager (644).

COMBLE, couverture des bâtimens; en ardoise (70); en tuile (voyez *Brique*.)

COMMANDERIE, maison ou château appartenant à un Commandeur de l'ordre de Malte (322), pour les cartes (443).

COMMUNICATION, passage (248).

COMPAS, instrument de cuivre et d'acier composé de deux, trois ou quatre broches à charnière (551). — Compas de proportion (554).

COMPTÉES ou trop semblables, se dit de choses trop également assemblées dans le paysage et terres labourées; inconvénient de cette manière (366).

CONTRECOLLER (Manière de) les dessins (641).

CONTREGARDE, espèce de bastion en avant des faces d'un autre pour les couvrir du feu de l'ennemi.

CONTRESCARPE, talut du bord du fossé attenant le chemin couvert (247).

CONTREVALLATION, tranchée que l'on pratique au devant d'un camp (voyez *Ligne* et *Tranchée*).

COPIE, double d'un dessin faite d'après lui.

COPIER, faire un dessin semblable à un autre (599); au compas (*ibid.*); au carré (600); aux carreaux (601).

CORBEILLE DE FLEURS, espace rond, ovale ou carré, élevé en dos-d'âne vers le milieu, bordé de treillage ou de gazon, et rempli de diverses fleurs.

CORDON, grosse moulure ronde au pied du parapet, couronnant le talut du revêtement des ouvrages de fortification (168).

CORNICHE, tout ce qui couronne un corps et entoure le plafond des appartemens (13 et 14).

CORPS-DE-GARDE, petit pavillon, souvent isolé, servant à contenir la garde d'une porte (87, 250).

COULEURS, ingrédiens qu'on a préparés et dont on se sert pour donner aux objets qu'on peint ou qu'on dessine, les tons qui leur conviennent (684 et suivant). Dans l'Architecture civile, les couleurs ne font pas le plus grand mérite du dessin (132 et 133). — Couleur d'eau (voyez *Vert d'eau*). — Couleurs sèches, celles qui sont en bâton. — Couleurs liquides, celles qui sont en liqueur et que l'on garde dans des bouteilles. — Couleurs qui conviennent aux différens corps de troupes (398). — Couleurs des troupes auxiliaires (410).

COUP DE FORCE, trait plus gros qu'un autre qui lui est opposé; dans les plans (47); dans les coupes ou façades, il ne faut mettre les coups de force que les derniers (104, 105, 106).

COUPE, maison ou partie de maison supposée coupée, au moyen de laquelle on voit la partie coupée et tout l'intérieur (136 et suiv.). — Coupe des chapes (207); de la charpente (141); des eaux (206); d'un édifice (136); de maçonnerie (142); du pavé comme la maçonnerie (186); des terres (186).

COUPE ou Profil, dans l'Architecture civile et militaire est la même chose; mais dans l'Architecture civile, profil s'entend différemment. (Voyez *Profil*.)

COUR, espace vide entre les corps de bâtimens d'une maison (5, 9 et 91); quelle est la teinte qui leur convient (46).

COURTINE, espace compris entre deux bastions, où sont ordinairement les portes et les poternes des villes de guerre (212).

COUVERTURE, voyez *Comble*.

CROISÉE, ouverture ou baie dans un mur pour donner du jour (28).

CROIX de pierre et de bois (429).

CRAYONS; ce que c'est (662); leurs différentes espèces, dénominations et usages (663 et suivans).

CUISINE, salle à cheminée où l'on fait la cuisine (16).
CUIVRE et BRONZE, voyez *Bronze*.
CUVIER dans une buanderie, grand vase de bois cerclé en fer, dans lequel on coule la lessive (24).

D

DAME, petite tourelle que l'on met sur le milieu d'un batardeau (voyez *Batardeau*).
DÉCRASSER un dessin, après en avoir mis les lignes au crayon et à l'encre; c'est passer une mie de pain rassis pour en ôter les traits de crayon superflus. (Voyez *Mie de pain*.)
DEGRÉS, les trois cent soixante parties qui divisent la circonférence d'un cercle. (Voyez *Ligne à 45 degrés*.)
DEMI-LUNE, ouvrage de fortification au-devant des courtines. (Voyez les *demi-lunes* 1, 3 et 5 des *Planches IX et X*, et 279.)
DEMI-REVÊTEMENT, la moitié d'un revêtement, que l'on fait seulement jusqu'au niveau de la campagne pour soutenir les terres: le surplus se fait en gazon.
DESSIN, plan, élévation ou façade de quelque bâtiment ou d'ouvrage de fortification; c'est encore une vue de paysage, &c.
DESSINER A LA VITRE, c'est calquer à la vitre.
DÉTACHER, se dit des diverses parties d'une façade qui, se détachant les unes des autres par l'harmonie des ombres et des teintes plates, font entr'elles l'effet requis.
DÉTAIL, fragment ou partie d'un tout quelconque, d'un plan, d'une corniche, d'une porte, &c.
DÉTAILLÉ, se dit d'un plan où sont indiquées toutes les distributions intérieures, comme le plan *Pl. I*; autrement il seroit en masse comme *Pl. IV*.
DIGUES, massif de maçonnerie, de fascines ou de charpente que l'on oppose au cours des eaux (253 et 254).
DIRECTEURS, qui règle, qui préside. (Voyez *Plans directeurs*.)
DISTINCTION des troupes dans une armée (397 et 398).
DISTRIBUTION, division commode et raisonnée d'un plan de bâtiment (2 et 6), d'un jardin (73); on ne met point de teinte dans les distributions (46).
DUNES, côteaux de sable élevés sur le bord de la mer (324).

E

EAUX, tout ce qui est bassin, canal, fossé plein d'eau, &c.; manière générale de les disposer; de quelle couleur on les exprime dans l'Architecture civile et dans l'Architecture militaire (43); en coupe (206).

EAU GOMMÉE; manière de la faire, & son usage (704).

ÉCHELLES, lignes divisées en plusieurs parties proportionnelles pour mesurer l'étendue ou les distances d'un pays; leurs proportions pour les diverses grandeurs des dessins de l'Architecture militaire (145); leurs proportions pour les divers plans (143 et 144); on n'en doit jamais faire au hasard (162); manière de les dessiner (163); méthodes géométriques pour les échelles en parties aliquotes (627 et suivans).

ÉCLUSE, ouvrage de maçonnerie et de charpente construit dans le cours d'un canal, d'une rivière ou d'un fossé de ville, pour en soutenir les eaux et les laisser couler au besoin (255).

ÉCURIE, logement ou bâtiment fait exprès pour loger les chevaux (22).

ÉGLISE (327).

ÉLÉVATION, représentation d'un bâtiment suivant ses dimensions verticales et horisontales. — Élévation d'un bâtiment d'Architecture civile (99); des ouvrages de fortification (211). (Voyez aussi le mot *Façade*.)

EMBRASURES, élargissement qu'on donne à une baie du côté extérieur d'une porte (29), d'une croisée (28), de batteries de canon (257).

EMPOIX, colle faite avec de l'amidon, servant au même usage que celle de farine, mais avec plus de propreté. (Voyez *Colle de farine*.)

ENCRE DE LA CHINE, composition noire faite de matières végétales et minérales : on dit, *faire de l'encre*, c'est à dire, frotter le pain ou bâton d'encre de la Chine avec de l'eau claire, dans une soucoupe de faïence qui doit être bien propre, sans poussière, ni graisse, ni saleté. Il faut observer de ne pas mettre plus d'eau qu'il n'en faut pour l'ouvrage que l'on veut faire; l'encre faite de la veille est limonneuse et ne coule pas dans la plume (708). L'encre séchée et rebroyée avec le doigt ne vaut rien; il ne faut jamais s'en servir. Il faut avoir soin de ne pas laisser tremper le pain d'encre dans l'eau; en se séchant, il se fendroit et se diviseroit en mille parties (685 et suivans).

ENCRE ROUGE, encre faite avec du carmin ou de la graine de cochenille, que l'on trouve en petite bouteille chez les Papetiers; elle peut servir aux mêmes usages que le carmin, et est très commode pour écrire (690).

ENTE, petite flèche de bois diminuée par les bouts, qui sert à emmancher les pinceaux (559).

ENTONNOIR DE VERRE. Lorsqu'on n'en a pas, on peut s'en faire un avec un verre à boire, de forme conique, en lui ôtant le pied de manière qu'il soit percé : pour le faire sûrement et proprement, il faut le faire couper par un Vitrier, ou bien mettre un fil soufré autour de l'endroit où l'on veut faire la section; vous y mettrez le feu et vous tremperez le pied du verre dans l'eau froide jusqu'au fil; à l'instant où il sera enflammé, il ne manquera pas de se casser net. Cet entonnoir pourra servir pour passer toutes les couleurs liquides.

ÉPAULEMENT, est tout ouvrage de fortification construit en fascinage et terre, pour mettre à l'abri du canon de l'ennemi (381).

ÉPINGLES A CALQUER (545). Les épingles jaunes suppléent au défaut d'épingles à calquer (545).

ÉPONGER, se fait de deux manières et pour deux objets différens; savoir : pour mouiller le papier afin de le coller sur la table (638), et pour effacer quelque chose au trait ou pour laver. Dans le premier cas, il suffit de mouiller l'éponge et d'en frotter la feuille de papier que l'on veut coller. Dans le second, on humecte un tant soit peu l'éponge avec de l'eau très claire, et l'on mouille l'endroit que l'on veut effacer; un instant après on frotte la même éponge, plus remplie d'eau, sur la place déjà mouillée, jusqu'à ce que l'objet disparoisse; on lave ensuite le tout avec de l'eau propre, et on laisse sécher son papier, sur lequel on met une teinte d'eau d'alun. Dès que cette partie est sèche, on peut dessiner et laver dessus comme auparavant, si toutefois on n'a pas trop fatigué le papier. On ne peut guère faire cette opération que sur le bon papier d'Hollande ou sur le papier huilé, où elle s'exécute encore mieux ; on fait tout disparoître sans endommager le papier : mais avant de ne rien redessiner, il faut le laisser sécher parfaitement ; sans cette précaution, on l'écorche, il gode et il boit.

ÉQUERRE, instrument triangulaire très utile et presque universel dans la pratique du Dessin. — Équerre simple ou ordinaire (520); mobile ou composée (526).

ESCALIER, réunion de degrés pour parvenir à un lieu élevé (11).

ESCARPE, revêtement de fortification qui fait face à la campagne depuis le fond du fossé jusqu'au cordon (259). (Voyez *Revêtement.*)

ÉTAGE, souterrain (49). — Étages supérieurs (61).

ÉTANG, pièce d'eau naturelle ou artificielle dont le pourtour est revêtu ou non revêtu en maçonnerie. (260).

ÉVIER, pierre carrée percée d'un trou, par où s'écoulent les eaux des cuisines (19).

F

FACE, Façade ou Élévation ; le côté principal d'un bâtiment pris depuis la terre jusqu'à la corniche (99) ; manière de les laver (107 et 108) ; conseils pour celle de l'Architecture militaire (211). — Face inclinée (voyez *Bastion*, *Talut* et *Ligne de talut*.)

FASCINES, petits fagots propres à la construction des lignes en terres, et pour combler les fossés pleins d'eau.

FENÊTRE, c'est, et la baie qui sert à donner du jour, et la croisée en bois et verre qui sert à la fermer.

FER ; ouvrages en fer ; leurs échelles (155) ; le bleu est la couleur qui leur convient et qui sert à les distinguer.

FIOLES DE VERRE, petites bouteilles (562).

FLANC, partie du revêtement d'un bastion qui joint la courtine et une de ses faces.

FLÈCHE, petit instrument des anciens guerriers et chasseurs, qui se lançoit horisontalement. La flèche sert à marquer le cours d'une rivière (329), le nord d'une boussole (486). — Flèche est encore une petite ligne ou épaulement en triangle en avant d'une courtine, en place de demi-lune. (Voyez *Planche XIII.*)

FONDRE une teinte, c'est avec le pinceau à l'eau *étendre fort*

VOCABULAIRE. 173

loin une teinte que l'on vient de poser ; il ne faut pas attendre que la teinte sèche. Ne confondez pas *fondre* avec *adoucir*. (Voyez *Adoucir*.)

FONTAINE, meuble dans lequel on conserve de l'eau ; c'est encore un monument public (261).

FORÊT ou Bois, grande étendue de terrain couvert d'arbres de haute et basse futaie. (Voyez *Bois* et *Forêt*.)

FOUR, voûte construite en brique servant à faire cuire le pain et la pâtisserie (18). — Four à chaux (333).

FOURNEAU, meuble de cuisine (17). — Fourneau de mine (384).

FOSSÉ, sec et plein d'eau (262).

FRAISES (263 et 264).

FRICHES, terrain inculte (334).

G

GABION, grand panier d'osier ou autres bois, de forme cylindrique, servant à former l'épaulement des tranchées. (Voyez *Sac à terre*.)

GALERIE, passage couvert formé de colonnes ou seulement d'arcade. — Galerie de communication, chemin souterrain qui sert aux assiégeans pour approcher de la place sans être vu de l'ennemi. (Voyez *Planche XIII*.)

GAZON, pré artificiel ou naturel ; dans l'Architecture civile et dans la Fortification (74).

GAZONAGE, voyez *Gazon*.

GIBETS, piliers patibulaires ; comment on les représente ; où ils se placent (335) ; pour les cartes (447).

GLACE à calquer, instrument pour calquer les dessins (508).

GLACIS de chemin couvert (265 et 266).

GODE, défaut d'égalité dans la surface d'une feuille de papier. Il faut coller le papier avec soin pour éviter les godes.

GODETS, petits vases de faïence nécessaires pour les couleurs (562).

GOMME, suc provenant des végétaux. — Gomme arabique (704). — Gomme élastique (681). — Gomme gutte (693).

GRILLE, porte en fer pour jardin ou clôture (30). — Grille de fourneau de cuisine (17).

Gué, passage d'une rivière sans bac ni bateau (336).
Guérite, petit réduit où se placent les sentinelles pour observer et pour être à l'abri : ne s'indique plus (267).

H

Hacher à la plume, c'est teinter un mur, une porte, &c. avec la plume par des lignes nommées hachures, les unes à côté des autres (210).
Hachures, voyez *Hacher*.
Haies, murailles de verdure ; comment s'expriment (337).
Halle, lieu où se vendent les denrées (268).
Hameau, petit village ; en plan et en élévation (338) ; pour les cartes (438).
Harmonie, union de formes et de tons convenables tendans par leur accord à former un tout complet ; d'une nécessité absolue dans la distribution d'un plan et dans la symmétrie et l'accord d'une façade. (Voyez *Accord*).
Haute et basse mer (340).
Hauteurs, petites monticules, collines et montagnes ; précautions à prendre pour les bien faire. (Voyez *Montagnes*).
Havre, petit port (269).
Hollander, c'est passer une plume dans la cendre chaude ; utilité et manière de le faire (677).
Hôpital de malades (270).
Hôtellerie ou Auberge sur une route, dans un village, &c. comment s'exprime (342).

I

Ile dans une rivière, espace de terre entouré d'eau (346).
Ile de maison, massif de plusieurs maisons réunies et attenantes, entouré de rues (345).
Inde ou Indigo (698).
Inondations, débordement des eaux de la mer, d'une rivière ou d'un étang sur un terrein (340 et 341).
Instrumens ; quels sont les plus nécessaires (502).

J

Jardin ; comment s'exprime dans l'Architecture civile et militaire (73) ; dans le plan particulier d'une place (224).

VOCABULAIRE.

JAUNE, se fait avec de la gomme gutte. (*Voyez ce mot.*)
— Jaune liquide (725).

JET D'EAU, filet d'eau qui jaillit perpendiculairement avec violence d'un tuyau nommé *ajutage*, placé au milieu d'un bassin (224).

JETTÉE, amas de grosses pierres et cailloux qu'on fait ordinairement sur le bord de la mer ou des étangs pour arrêter le cours et les forces des vagues ; pour les dessiner (voyez *Chaussée*).

JOUR. On entend, dans le Dessin, par *jour* le côté d'où vient la lumière ; il est d'usage de le faire venir de gauche sous l'angle de 45 degrés, et de porter les ombres du côté opposé (117).

L

LATRINES ou lieux d'aisances (25).

LAVER, c'est avec des pinceaux étendre l'encre de la Chine ou les couleurs sur le papier. Dans le dessin de l'Architecture civile et militaire, on ne dit pas peindre, on dit, laver un plan, une façade, &c.

LAVIS, l'art d'employer l'encre de la Chine et les couleurs sur le papier avec de l'eau pure et des pinceaux.

LAVIS d'un plan d'Architecture civile (40), d'une façade (108), d'une coupe (137), du plan d'une place de fortification (184 et suivans), d'une élévation (203), d'un profil (205).

LETTRES de renvoi ; moyen de les diversifier (412 et suivans).

LIEUES, espace en longueur, usitées en France pour mesurer les chemins, avant l'établissement des nouvelles Mesures. Les Géographes en comptoient de trois sortes : la grande, de 2853 toises ; la moyenne, de 2282 toises, et la petite, de 2000 toises. Aujourd'hui la France mesure les routes par le kilomètre, qui est égal à 513 toises 1 pied 5 pouces 6 lignes. (Voyez *Mètre*.)

LIGNE, dans le dessin de l'Architecture civile et militaire, est un trait à l'encre ou au crayon. — Ligne pleine, celle qui est tracée également dans toute sa longueur.
— Ligne ponctuée, celle qui est interrompue dans sa longueur par des espaces égaux aux parties tracées (38.)

— Ligne indéfinie, celle qui commence imperceptiblement et qui finit de même. — Ligne nourrie, celle qui est grosse, bien nette et sans bavure dans toute sa longueur (36). — Ligne fine ou déliée, celle qui est très légère en ton et extrêmement étroite en largeur. — Ligne de terre, celle qui est placée au bas d'un dessin ; ce qui se fait en dessous dans l'Architecture civile (134). — Ligne de talut. — Ligne magistrale ou du cordon (168). — Ligne du parapet (170). — Ligne à 45 degrés, c'est la diagonale d'un carré, ou celle qui passe par le centre d'un cercle et par le n.° 45 des degrés de sa circonférence. (Voyez *Degrés*.)

LIGNE, dans l'Architecture militaire, est une fortification passagère ordinairement construite en terre. (Voyez *Tranchée*.) — Ligne de circonvallation : fortification de terre composée d'un fossé et d'un parapet que l'on fait autour d'une ville pour empêcher qu'elle puisse avoir du secours (408). — Ligne de contrevallation, semblable à la précédente, mais dont l'objet est différent, celle-ci étant tournée contre la ville pour se mettre à couvert des sorties de la garnison (408). — Lignes de feu (391). — Lignes de défense (408).

LIMON, partie droite ou tournante dans un escalier, qui sert à soutenir les marches et la rampe (11).

LISSE dans les remises, pièces de bois en charpente assemblées en triangle isocèle pour diriger les voitures dans le milieu (23).

LIT, meuble de repos placé dans une chambre à coucher (14).

LUNETTE, voûte qui en pénètre une autre ; comment s'exprime en plan (57).

LUNETTE, en fortification (voyez *Redoute*).

M

MAÇONNERIE, tout ce qui est construit en pierre et moëlon ; comment on l'exprime (40).

MAGASINS, lieux où l'on conserve les marchandises et autres objets en réserve ; ils s'expriment comme les bâtimens particuliers (235). — Magasin à poudre (273).

MAISON de campagne (347).

MANGEOIRE, espèce d'auge dans une écurie où se met

l'avoine

VOCABULAIRE.

l'avoine pour les chevaux (22). Dans une bergerie, c'est une claie posée obliquement ; et dans une écurie, celle-ci se nomme ratelier. On y met le foin des bestiaux et des chevaux. (Voyez aussi *Auges*.).

MANTEAU de cheminée, espèce de couvercle qui couvre une cheminée de cuisine, office, &c. (20).

MARAIS, lieux marécageux où les eaux restent stagnantes (348).

MARCHES, les degrés qui composent un escalier (11).

MARÉE, haute et basse marée (340 et 341).

MARQUES ; ce que c'est (422 et suivans).

MASSE, plan général en masse, c'est à dire, sans détail (87).

MASSIF, ce qui est plein massif de terre (60).

MÉLANGE de couleurs, réunion de plusieurs couleurs pour suppléer à quelques-unes (712).

MENUISERIE, tout ce qui est bois en ouvrages délicats, armoires, alcoves, tables, &c. (42).

MER, basse et haute (340).

MERLONS, espace massif entre les embrasures d'un parapet (257).

MÉTAIRIE ; pour les cartes (439).

MÈTRE, dix millionnième partie du quart du méridien terrestre, mesure linéaire actuellement en usage en France.

Nous avons cru qu'il étoit nécessaire de donner ici le Tableau des nouvelles Mesures, pour faciliter la connoissance et l'utilité des échelles du C. Gelliotte, *Planche VII* de cet Ouvrage.

TABLEAU des nouvelles Mesures linéaires, suivant le systême décimal, aujourd'hui en usage en France.

Quart du méridien terrestre..	10,000,000	Dix millions de Mètres.
Degré décimal............	100,000	Cent mille Mètres.
Myriamètre...............	10,000	Dix mille Mètres.
Kilomètre................	1,000	Mille Mètres.
Hectomètre...............	100	Cent Mètres.
Décamètre................	10	Dix Mètres.
MÈTRE. { Dix millionnième partie du quart du méridien.. }	1	Un MÈTRE.
Décimètre................	0,1	Dixième du Mètre.
Centimètre...............	0,01	Centième du Mètre.
Millimètre...............	0,001	Millième du Mètre.

Le Mètre a, de longueur, 3 pieds 0 pouces 11 lignes $\frac{44}{100}$ des anciennes mesures de France.

M

MIE de pain; elle sert à décrasser, en en passant légèrement un morceau sur le dessin; il faut qu'elle soit de pain rassis, autrement elle graisse le papier (39).

MINE, excavation en terre. — Mine de fourneau (384).

MINE de plomb, espèce de crayon rouge (voyez *Crayons*).

MINUTIES, peu de chose; c'est ainsi que Buchotte nommoit tout ce qui n'étoit pas, selon lui, de grande importance, comme décoration, menuiserie, jardinage, &c.

MITOYEN, voyez *Mur*.

MONTAGNES ou Hauteurs (349).

MONUMENS publics; comme ils s'expriment et comment ils se distinguent dans les dessins d'Architecture civile et dans celui du plan d'une place (87 et 90).

MORTIER, pièce d'artillerie (374).

MOUILLER le papier pour le coller, cela se fait avec une éponge, en observant de ne pas trop mettre d'eau, seulement un peu d'humidité; dans ce cas le papier se colle mieux, ne se tend pas trop, et ne se retire plus étant décollé; ce qui auroit lieu dans le cas contraire, et on ne le fixeroit que très difficilement sur la table (638).

MOULIN à eau (351). — Moulin à vent (352); pour les cartes (445).

MOULURES, tout corps courbe dans sa surface et dans son profil.

MOUVEMENS des troupes dans une armée (403 et 404).

MUR, construction en maçonnerie assez mince et élevée, (40). — Mur servant à clore les propriétés, se nomme mur de clôture (26). — Mur d'appui et Mur de terrasse (44 et 353) — Mur mitoyen, qui sépare deux propriétés; moitié de l'épaisseur appartient à l'une, et moitié à l'autre; il s'exprime dans les plans et dans les coupes, par une ligne ponctuée au milieu de l'épaisseur (5).

N

NOTES ou marques qui se joignent aux positions dans les cartes géographiques (417 et suivans), topographiques (300).

O

OFFICES, lieux près la cuisine et la salle à manger où se font et se conservent les confitures; comment s'expriment (21).

OMBRES, parties privées de lumière. — Ombre portée, celle qui est portée et tranchée sur un mur éclairé. — Ombre adoucie, celle qui se perd insensiblement comme sur un comble (66). De quel côté on doit faire porter les ombres (voyez *Jour* et 41). L'effet des ombres est contraire à celui des teintes plates (115). Préceptes essentiels (117, 118, 121, 122 et suivans).

OPPOSITIONS, teintes de moyenne force que l'on place à côté d'une autre pour faire paroître cette dernière plus claire (130).

ORIENTER un plan, c'est y placer la boussole, pour indiquer le nord. (Voyez *Boussole*.)

OUTREMER (691).

OUVRAGES coupés (141 et suivans). — Ouvrages projettés dans l'Architecture civile et dans l'Architecture militaire. (Voyez *Projet*.)

P

PALISSADES (274).

PAPIER, composition faite avec du vieux linge, fabriquée et accommodée de manière à pouvoir écrire et dessiner dessus. (Voyez ses différentes espèces et qualités propres au dessin, dans l'article I.er du chapitre V.) — Papier serpente (651). — Papier verni (652) — Papier huilé (654). Manière de faire le papier huilé (656 et suivans).

PARAPET (275).

PARTERRE, jardin d'agrément seulement (73).

PASSAGE de guérite (267).

PAVÉ, pierre de grès taillée en carré, servant à paver les rues, places et cours. (Voyez *Coupe de pavé*.)

PERSPECTIVE cavalière, plan géométral sur lequel les bâtimens et jardins sont en élévation. — Perspective aérienne (116).

PHIOLES, petites bouteilles de verre nécessaires pour conserver les couleurs liquides (562 et 563).

PIÈCE de fortification, morceau détaché du plan d'une place.
PIED de roi, c'est le sixième de la toise ancienne de France; aujourd'hui on se sert du mètre. (Voyez *Mètre*.)
PIÉDESTAUX pour appartemens ou jardins (13).
PIERRE de mine (voyez *Crayons*).
PILES, massifs et supports entre les arches d'un pont.
PINCEAUX, petits balais de poil de blaireau emmanchés dans des plumes; comment connoître s'ils sont bons; moyen de leur ôter une pointe inutile (556).
PINCES à coulans, instrumens en cuivre façonnés *ad hoc*, pour maintenir deux dessins l'un dessus l'autre, pour les calquer ou les piquer (545).
PIQUER un dessin (605 et suivans).
PIQUOIR ou Pointe à piquer, ou Porte-aiguille (541 et 544).
PLACE, c'est, dans les villes, un espace vide auquel aboutissent plusieurs rues. — Place fortifiée, ville entourée de fortifications (167 et suivans), et pour les cartes (354). — Place d'armes, lieu de rassemblement des troupes dans une place de guerre; c'est encore un petit espace dans l'angle rentrant d'un chemin couvert (278).
PLAN, dessin ou relief représentant l'assemblage complet de tous les bâtimens, cours, jardins, &c. qui composent un édifice, ou seulement la distribution particulière d'un de ces bâtimens. — Plans directeurs (147). — Plans en reliefs (149). — Plan du rez de chaussée (7). — Plan des caves (49). — Plans des étages supérieurs (61). — Plan des combles (62, 96). — Plans de jardins (73). — Plan particulier (2); où il est censé coupé (6). — Plan général (84); c'est encore le dessin qui représente une distribution ou une place de guerre; manière de le coller sur la table (680), sur la toile et l'en décoller (644). Marche du dessin des plans d'Architecture civile (34 et suivans).
PLANCHE ou petite table nommée planche à coller, pour faire des dessins de médiocre grandeur (513). — Planche potagère dans un jardin (80).
PLANCHER d'un radier (voyez *Radier*).
PLANCHETTE, petite planche soutenue par trois pieds plians, servant à la levée des plans.

PLATE-BANDE, parallélogramme très alongé où l'on cultive les légumes et les fleurs. — Plate-bande de fleurs (79). — Plate-bande potagère (80).

PLEIN BOIS, petite forêt. (Voyez *Bois* ou *Forêt*.)

PLONGÉ, pente d'un parapet.

PLUMES; les différentes espèces, choix, conservation et soin à observer (673 et suivans).

POÊLES, meuble de faïence ou de terre dans lequel on fait du feu pour chauffer les pièces sans cheminées; comment ils s'expriment (10).

POINTE à calquer (544).

PONT, passage en l'air sur une rivière (279). — Pont de pierre ou de bois (279 et 280).

PORTE-CRAYON, instrument (540).

PORTE en mur de clôture, à jour et fermée (228). — Porte de ville ou d'entrée d'une place (281). — Portes et fenêtres en plan (28 et 29).

POSITION; ce que c'est (419).

POTEAU pour indiquer les chemins (357). — Poteau de limites seigneuriales (356).

POTERNES, portes souterraines (282).

POUTRES et solives des planchers, Architecture civile (141), Architecture militaire (210).

PRAIRIE, grande pièce de gazon où l'on cultive et recueille le fourrage (358).

PRIEURÉ (359), pour les cartes (442).

PROFIL, dans l'Architecture civile, le détail d'une corniche d'un chapiteau ou d'une moulure seulement; et dans l'Architecture militaire, la coupe d'un objet quelconque de fortification.

PROJET, idée ou composition de quelqu'édifice complet, ou partie seulement d'un édifice. Dans l'Architecture civile, le plan d'un projet se lave comme on le juge à propos, rouge ou noir, quand le tout est projet: mais si c'est un projet de changement ou augmentation, les parties qui existent se lavent en noir, et ce qui est projet, en rouge. Dans les façades et les coupes, on ne fait point de différence. Dans les plans d'Architecture militaire, les parties anciennes se lavent en rouge, et ce qui est projet, en jaune. Pour les façades, on met une très légère teinte de jaune sur ce qui est projet; et dans les coupes (ou profils), on colore en jaune ce qui est coupé seulement.

PUITS, excavation perpendiculaire en terre jusqu'à l'eau, revêtue de maçonnerie dans son pourtour (9 et 360).

Q

QUARTIER, dans une grande ville c'est une partie de maisons, rues et places prises ensemble, à laquelle on donne le nom de quartier.

—— dans une caserne, c'est toutes les chambres qui sont à droite ou à gauche de l'escalier qui y conduit.

R

RADIER, c'est le plancher d'une écluse par dessus lequel l'eau coule (283 et 284).

RAMPE, pente douce pour monter du terre-plein d'un bastion sur le rempart (285).

RAPPORTEUR, instrument pour prendre les ouvertures des angles; bien plus commode en corne qu'en cuivre (552).

RAVIN ou RAVINE, chemin tracé en creux par l'écoulement des eaux (361).

REDAN, c'est, dans les fortifications passagères, des angles saillans au delà de l'enceinte formant une espèce de demi-lune. (Voyez *Pl. XIII.*)

REDOUTE ou Lunette, espèce de petit bastion construit au pied d'un glacis, et même au delà, dans les dehors d'une place fortifiée, pour en rendre l'approche plus difficile (286). — Redoute de siége (382).

RÉDUCTION (voyez *Angle de réduction*).

RÉDUIRE ou grandir par le moyen des échelles (615 et suivans), instrument pour *réduire* (568); sa description (569); manière de le monter et de s'en servir (586).

REFLETS, lumière renvoyée dans les parties obscures par les parties éclairées (118 et suivans). — Reflet, c'est encore un petit clair qu'on laisse auprès des lignes dans les teintes plates et dans les ombres, pour éviter de confondre les teintes et de grossir les traits (114). Préceptes essentiels (119 et 120).

RÈGLES, instrumens en bois pour tirer les lignes; de quel

bois elles doivent être ; manière de les faire et de s'en servir (533).

Relief, plan en relief ; plan construit en bois, où toutes les maisons et édifices sont en nature, ainsi que les arbres, prés, rivières, &c.; échelles qui leur conviennent (149).

Remises, logement des voitures (23). (Voyez *Lisses*.)

Rempart ; ce que c'est, et manière de l'exprimer (287).

Renvoi, voyez *Lettres de renvoi*.

Retranchemens ou Tranchées, travaux que l'on fait en avant d'un camp ou d'une place fortifiée, pour en augmenter la défense ; ce retranchement consiste en un fossé bordé de son parapet. (Voyez *Tranchée*.)

Revêtement, maçonnerie en talut, soutenant les terres d'un ouvrage : on en fait aussi en gazonnage ou en terre seulement (288).

Rideau, hauteur de terre qui s'étend en long en forme de colline. (Voyez *Montagnes* et 362.)

Rivières ou Ruisseaux ; quand elles sont grandes ou petites (363), pour les cartes (448).

Roche ou Rocher, masse de pierre enracinée profondément en terre ou en mer (481 et 482).

Route, grand chemin ordinairement pavé ou ferré, quelquefois bordé d'arbres. (Voyez *Chemin*.)

Rues, chemins dans une ville ou village bordés de maisons des deux côtés (93 et 318).

Ruisseaux, petites rivières (364). (Voyez *Rivières*.)

S

Sable, terre graveleuse sans aucune consistance ; on s'en sert pour faire du mortier et pour sabler les allées d'un jardin (76). On sable les fossés secs (262). — Sable en coupe (208).

Sac à terre, espèce de gabion et servant aux mêmes usages. (Voyez *Gabion*.)

Salle à manger ; dans un appartement c'est la salle où l'on mange (10 et 12).

Sallon de compagnie ; c'est dans un appartement la salle d'apparat et de réception pour la compagnie (13).

Sapes, espèce de tranchée que l'on creuse petit à petit lorsqu'on se trouve proche de la place, en se garantissant du feu de la mousqueterie de la place par le moyen de *gabions* et sacs à terre (383).

SCEPIA, couleur dont on fait usage dans la pratique du Dessin (688).

SENTIER, petit chemin dans la campagne (365).

SIEGE, meuble pour s'asseoir. — Siége du Dessinateur (504). — Siége d'aisances (25). — Siége d'une place (371).

SINGE, instrument pour réduire un dessin sans règle ni compas (568).

SOUCOUPE, petite assiette de faïence dans laquelle on fait des teintes, instrument nécessaire dans la pratique du Dessin ; sa grandeur et sa forme (708).

SOUPIRAIL, petite croisée en abat-jour pour éclairer ou seulement donner de l'air dans les caves, dans les plans (58), dans les façades (voyez G, *fig. I* de la *Planche V*).

SOURCE ou Fontaine naturelle, endroit où commence à sourdre une rivière, un ruisseau (261).

SOUTERREINS, lieux voûtés à l'épreuve de la bombe, construits dans les bastions pleins (289). (Voyez aussi *Etages souterreins*.)

STATUES, dans les jardins, dans les places et dans les appartemens (132).

STYLOBATE, espèce de piédestal continu à l'intérieur et à l'extérieur des bâtimens. Observations pour les plans (94 et 95).

SUAVE, effet doux et harmonieux de diverses teintes et couleurs réunies. (Voyez *Accord*.)

T

TABLE, instrument nécessaire dans la pratique du Dessin ; celle qui convient à un Dessinateur (503).

TALUT, pente que l'on donne aux corps de maçonnerie et aux terres élevées, pour en assurer la solidité. (Voyez *Revêtement* et 290).

TASSE voyez *Soucoupe* et *Godets*.

TEINTE, c'est en général toute couleur qu'on étend sur le papier avec des pinceaux. — Teinte plate, teinte unie qui n'est ni adoucie ni fondue, mais particulièrement celles que l'on met sur les murs plats et éclairés. On doit les mettre les premières, et comment (93 et 113). — Teinte d'eau d'alun (111).

TERRASSE, massif de terre dans les plans (60); c'est encore une promenade élevée au dessus d'une autre, et soutenue par un mur ou des arcades. — Terrasse vue en dessus (62 et 68).

TERRE D'OMBRE, couleur brune (697): on l'emploie pour colorer les bois de menuiserie et de charpente (42); sur les façades, pour donner le ton de pierre (108).

TERRES LABOURÉES (366 et suivans).

TERRE-PLEIN, massif de terre, espèce d'esplanade qui n'est pas voûtée en dessous (291).

TIRATORE, instrument pour tendre le papier, espèce de planchette sans pieds (516).

TIRE-LIGNE, instrument (547 et suivans).

TIRER des lignes, c'est tracer des lignes avec la règle et le crayon ou la plume.

TIRER à la vitre, c'est calquer sur les vitres.

TOIT, comble ou couverture (62).

TOUCHES, vigueur que l'on donne à certaine partie d'un dessin, en forçant la teinte par petits endroits seulement (128); où elles se mettent (129).

TRACÉ des plans de fortifications (167 et suivans).

TRACER, c'est, avec un crayon, une plume, un compas, tracer une ligne droite ou courbe.

TRANCHÉE, chemin creusé en terre à l'entour d'une place, disposé en zigzag, garanti du feu de la place par un parapet formé avec les terres provenantes de la fouille (372, 408 et 409).

TRAVAUX de siége (371).

TRAVERSES, solides de maçonnerie en travers d'un chemin couvert ou d'un fossé (292).

TROUPES AUXILIAIRES; manière de les reconnoître dans un plan de bataille (410 et 411).

TUILE, plateau en terre cuite pour couvrir les bâtimens (70 et 307).

V

VANNES, vanteaux ou portes de bois de chêne qui se haussent ou se baissent pour lâcher ou retenir les eaux d'une rivière. — Vannes d'une écluse (293). — Vannes d'un étang (260).

VASES de faïence (voyez *Soucoupe* et *Godets*).

Vermillon, couleur de feu (701).
Vert, couleur participant du jaune et du bleu. — Vert d'eau (695 et 719). — Vert d'iris (700 et 724). — Vert de vessie (699 et 723). — Vert de gris liquide, c'est le vert d'eau.
Vides, c'est à dire, les vides des pièces de distribution dans une place ; on ne les indique pas (46).
Vigne, arbrisseau vivace qui produit le raisin (369).
Ville fortifiée, ou non fortifiée (370) ; dans les cartes (434).
Village, amas de maisons où se trouve une église. (Voyez *Bourg* et 368) ; dans les cartes (437).
Voute, plafond cintré en maçonnerie (50). — Voûte en berceau (51, 52 et 53). — Voûte d'arête (55). — Voûte en arc de cloître (56). — Voûte de cave (49). — Voûte en anse de panier (52).

F I N.

EXTRAIT

Extrait du Catalogue des Livres qui se trouvent chez BARROIS l'aîné & FILS, *Libraires, à* PARIS.

ANTOINE. Traité d'Architecture, ou Proportions des trois Ordres grecs, sur un Module de douze parties, *in-*4.°

Architecture moderne ou l'Art de bien bâtir pour toutes sortes de personnes. Nouv. édition changée & augmentée, par Jombert. 2 vol. *in-*4, fig.

ARGENVILLE. (DESALLIER D') Théorie & pratique du Jardinage (Jardins de plaisance & de propreté) & un Traité d'hydraulique, convenable aux Jardins. *in-*4, fig.

Art de former les Jardins modernes, ou l'Art des Jardins Anglais. Trad. de l'Anglais, *in-*8, fig.

Art de lever les Plans, avec dix planches, *in-*8, *sous presse.*

D'AVILER. Dictionnaire d'Architecture civile & hydraulique, où l'on explique les termes de l'Art de bâtir & de ses différentes parties, *in-*4.

BELIDOR. Architecture hydraulique. 4 vol. *in-*4, fig.

BELIDOR. Nouveau Cours de Mathématiques, à l'usage de l'Artillerie & du Génie. Nouv. édit. *in-*4, fig.

BLONDEL. Cours complet d'Architecture, 12 vol. *in-*8, dont six de Discours & six de Planches.

BLONDEL. Deux Discours sur la nécessité de l'étude de l'Architecture & sur la manière de l'étudier. *in-*12.

BONNOT. Détail général des Fers, Fonte, Serrurerie, Ferrure & Clouterie à l'usage des bâtimens. *in-*8.

BOSSUT & VIALLET. Recherches sur la construction la plus avantageuse des Digues. *in-*4, fig.

BOURDET. Traité pratique des Digues. *in-*8, fig.

BRETEZ. Perspective pratique de l'Architecture. *in-folio*, gravé.

CHAMBRAY. Parallèle de l'Architecture antique avec la moderne. *in-folio*, gravé.

CHAMBRAY. Parallèle de l'Architecture antique avec la moderne, *in-*8, fig.

CLAIRAC. L'Ingénieur de campagne ou Traité de la fortification passagère. Sec. édit. *in-*4, fig.

COULON. Recherches sur les moyens d'exécuter sous l'eau, toutes sortes de travaux hydrauliques sans épuisement. *in-*8, fig.

COURTONNE. Traité de Perspective pratique, avec des remarques sur l'Architecture. *in-folio*, fig.

DEIDIER. Traité de Perspective théorique & pratique. Nouv. édition, augmentée de Notes, par Cochin. *in-*4, fig.

DELAGARDETTE. Ruines de Pæstum ou Posidonia, mesurées & dessinées sur les lieux, en l'an 2. Grand *in-folio*, fig.

DELARUE. Nouveau Traité de la coupe des Pierres. Gr. *in-folio*, fig.

DESGODETS. Edifices antiques de Rome, dessinés & mesurés exactement sur les lieux. *in-folio*, fig.

DESGODETS. Lois des Bâtimens, suivant la Coutume de Paris. *in-*8.

DUPAIN. Connoissances géométriques nécessaires aux Militaires. *in-*8, fig.

DUPAIN. La Science des ombres qui ont rapport au Dessin, avec le Dessinateur au cabinet & à l'armée, *in-*8, fig.

FREZIER. Elémens de Stéréotomie, ou Abrégé de la théorie & de la pratique de la Coupe des Pierres; 2 vol. *in-*8, fig.

FREZIER. Traité de Stéréotomie, ou la théorie & la pratique de la Coupe des Pierres & des Bois; 3 vol. *in-*4, fig.

FREZIER. Dissertation critique sur les ordres d'Architecture. *in-*4.

GAUTIER. Traité de la construction des Chemins. *in-*8, fig.

GAUTIER. Traité des Ponts, quatrième édition; *in-*8, fig.

GINET. Manuel de l'Arpenteur. *in-*8, fig.

GINET. Supplément au Manuel de l'Arpenteur. *in-*8, fig.

GINET. Toisé général du Bâtiment. in-8, fig.
JEAURAT. Traité de Perspective, à l'usage des Artistes. in-4, fig.
JOUSSE. L'Art de Charpenterie, corrigée & augmentée, par de la Hire; in-folio, fig.
LACAILLE. Leçons élémentaires d'Astronomie, dernière édit. in-8, fig.
LACAILLE. Leçons élémentaires de Mécanique, dern. édit. in-8, fig.
LACAILLE. Voyez Tables de Logarithmes.
LAGRANGE. Traité de Mécanique analytique, in-4.
LALANDE. Astronomie, troisième édition, 3 vol. in-4, fig.
LALANDE. Des Canaux de Navigation, & spécialement du Canal de Languedoc. in-folio gr. papier. fig.
LALANDE. Voyage en Italie. Nouv. édition augmentée, 9 vol. in-12, & Atlas in-4.
LAUGIER. Observations sur l'Architecture, in-12.
LE CLERC. (Sébastien) Traité de Géométrie théorique & pratique, à l'usage des Artistes, in-8, fig.
MESANGE. Traité de Charpenterie & des Bois de toute espèce, avec un Tarif général des Bois & un Dictionnaire des termes de charpente; 2 vol. in-8, fig.
MESANGE. Nouveau Tarif du toisé de la Maçonnerie, tant superficiel que solide, où l'on trouve les Calculs tout faits. in-8.
MONTALEMBERT. Art défensif supérieur à l'offensif. 11 vol. in-4, fig.
MONGINOT. Exposition des Principes que l'on doit suivre dans la construction des Théâtres modernes. in-12.
NOIZET SAINT-PAUL. Traité complet de Fortification;
Première Partie: de la Fortification des Places de guerre, in-8, fig.
Deuxième Partie: de la Fortification de campagne ou passagère, in-8, fig.
PALLADIO. Architecture, in-8, fig.
PAPILLON DE LA FERTÉ. Elémens d'Architecture, de Fortification & de Navigation. in-8, fig.

PETIT. Mémoire sur la meilleure manière de construire un Hôpital. in-4, fig.
Projet d'une Salle de Spectacle pour un Théâtre de Comédie. in-12, fig.
PATTE. Mémoires sur les objets les plus importans de l'Architecture, in-4, fig.
POTAIN. Détail des Ouvrages de menuiserie pour les Bâtimens, in-8, fig.
PRUDHOMME. Traité des Mines & Contremines, in-8, fig.
QUATREMERE DE QUINCY. De l'Architecture égyptienne, considerée dans son origine, ses principes & son goût, & comparée sous les mêmes rapports à l'Architecture grecque; in-4, fig.
ROLAND DE VIRLOYS. Dictionnaire d'Architecture civile, navale & militaire. 4 vol. in-4, fig.
SCAMOZZI. Œuvres d'Architecture. in-8, fig.
SILBERSCHLAG. Théorie des Fleuves avec l'Art de bâtir dans leurs eaux, & de prévenir leurs ravages, in-4.
Tables de Logarithmes pour les sinus, tangentes, & pour tous les nombres naturels, depuis 1 jusqu'à 21,600. (par LACAILLE & MARIE.) Nouv. édit. corrigée. in-8.
VALLIERE. Traité de la défense des Places, par les Contremines, in-8, fig.
VIALLET. Discours sur l'Architecture. in-8.
VIGNOLE. Règles des cinq Ordres d'Architecture, in-fol. gravé.
VIGNOLE. Regles des cinq Ordres d'Architecture. in-8, gravé.
VITRUVE. Abrégé des dix Livres d'Architecture de Vitruve, par Perrault. in-12, fig.
WINCKELMANN. Histoire de l'Art, chez les Anciens. 3 vol. in-8, fig.
WINCKELMANN. Recueil de différentes Pièces sur les Arts. in-8.
WINCKELMANN. Recueil de Lettres sur les Découvertes faites à Herculanum, à Pompeii, à Stabia, à Caserte, &c. in-8.
WINCKELMANN. Remarques sur l'Architecture des Anciens. in-8.

De l'Imprimerie de QUILLAU, rue du Fouare, N.º 2.

Règles du Dessin. Chap. 1. ARCHITECTURE CIVILE. Planche. I.

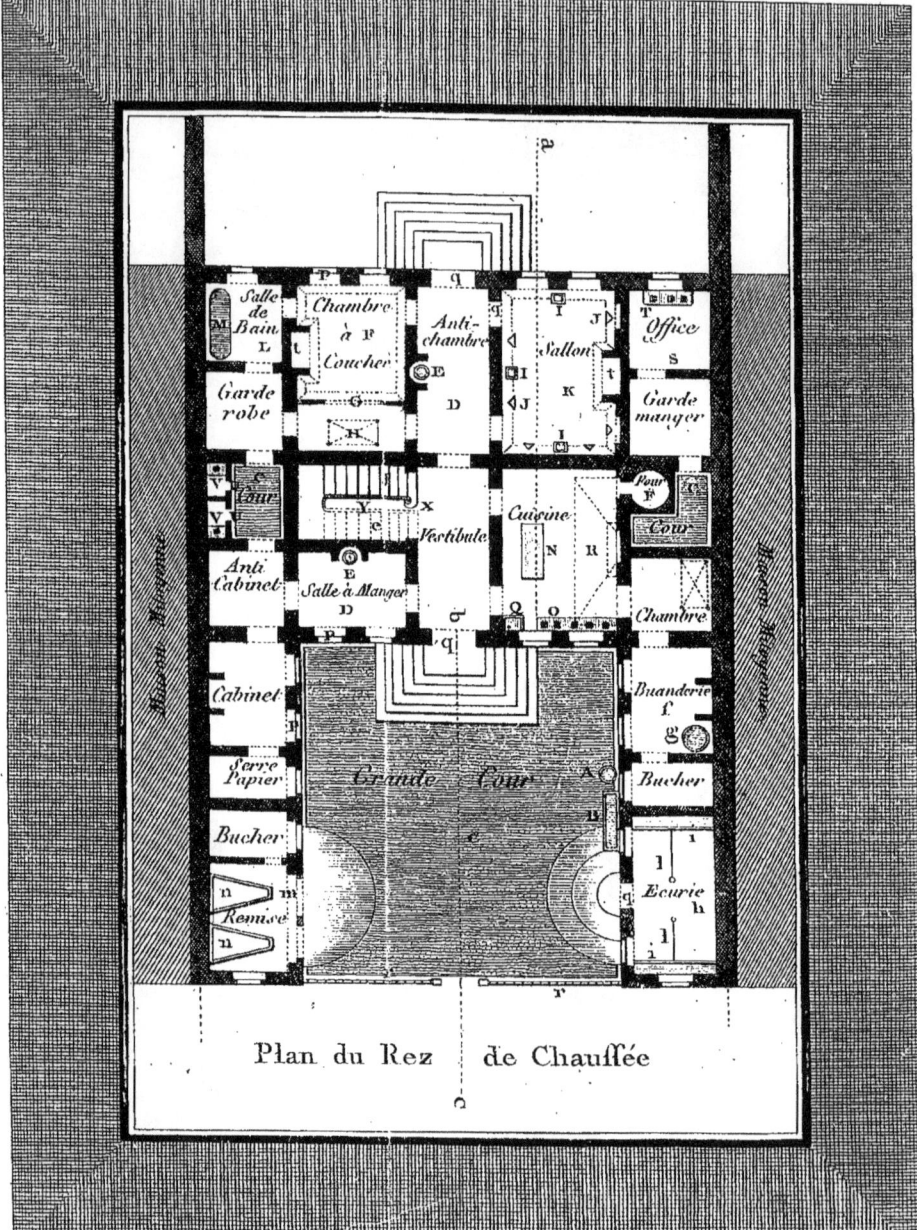

Plan du Rez de Chaussée

Dessiné par Delagardette. Gravé par Gaitte.

Règles du Dessin. Chap. I. ARCHITECTURE CIVILE. Planche II.

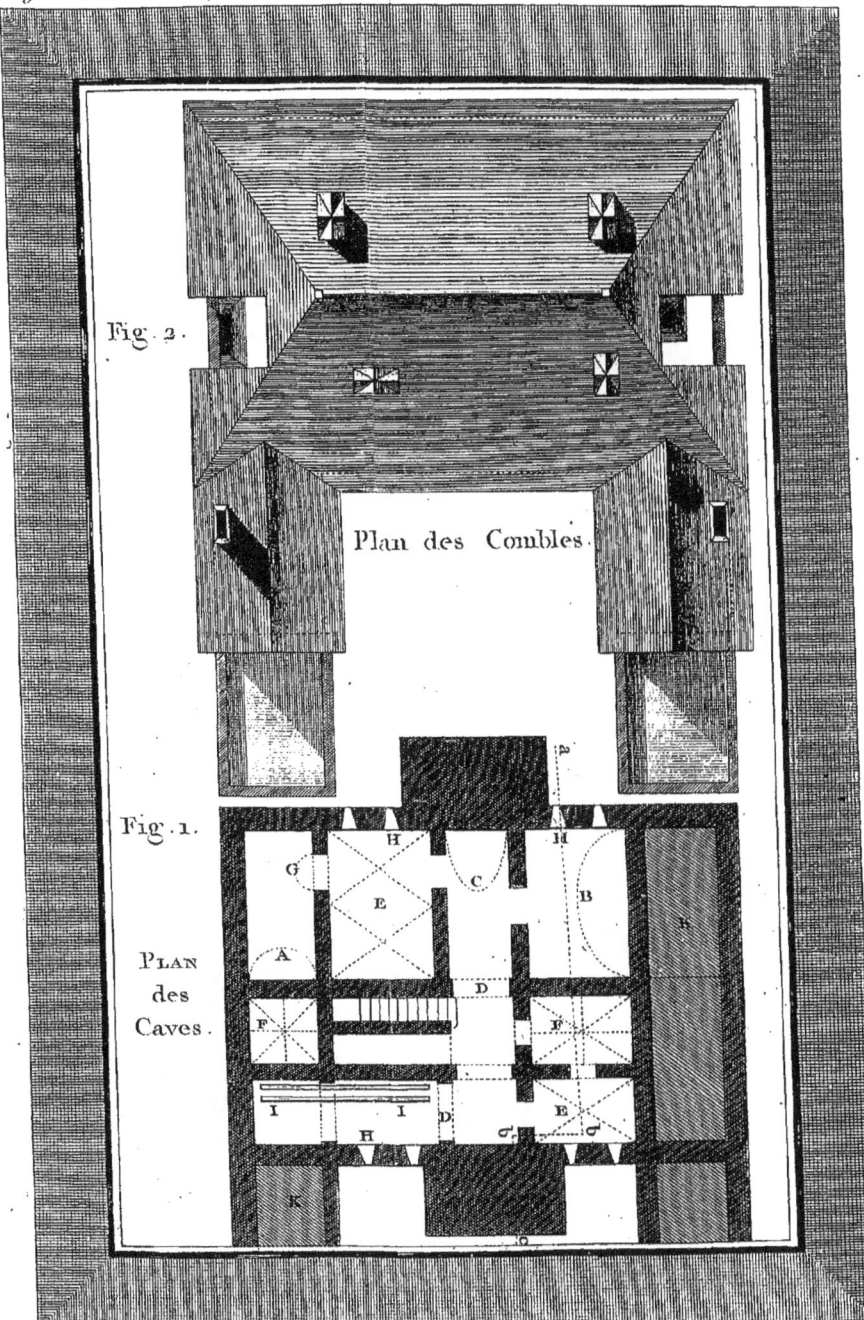

Dessiné par Delagardette. Gravé par Gaitte.

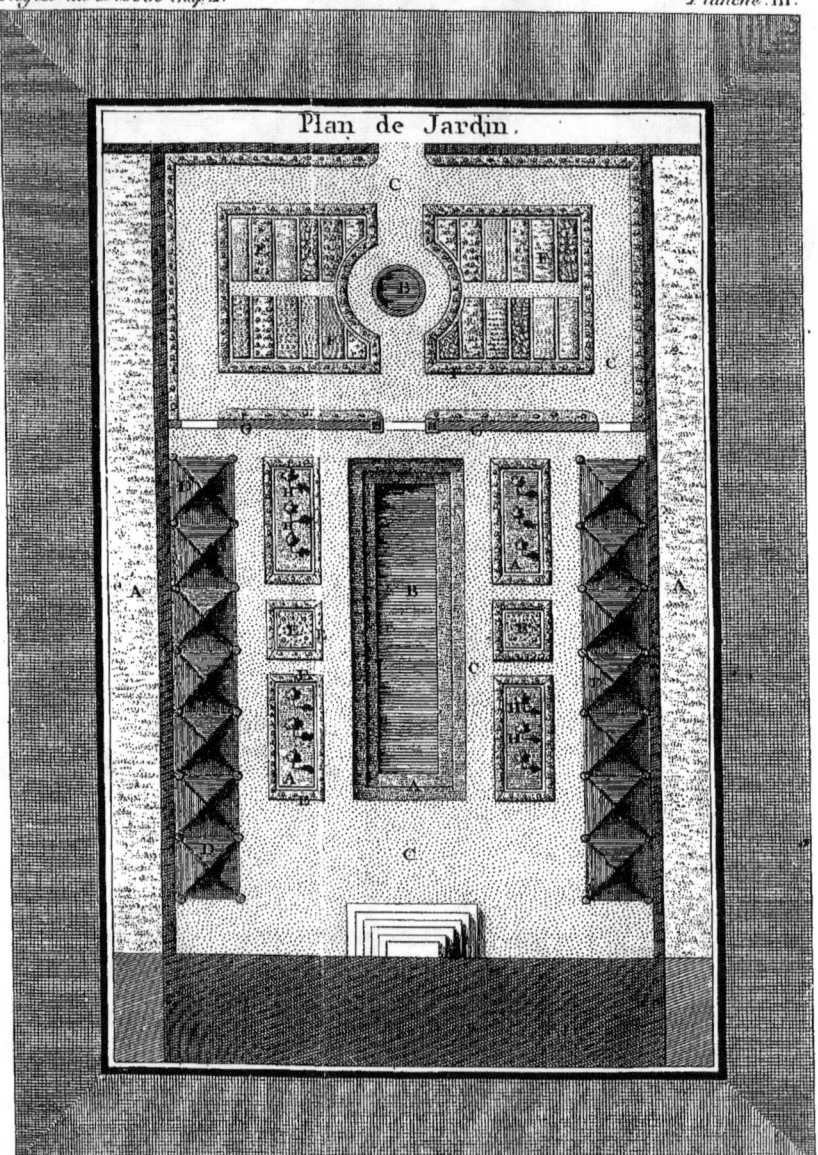

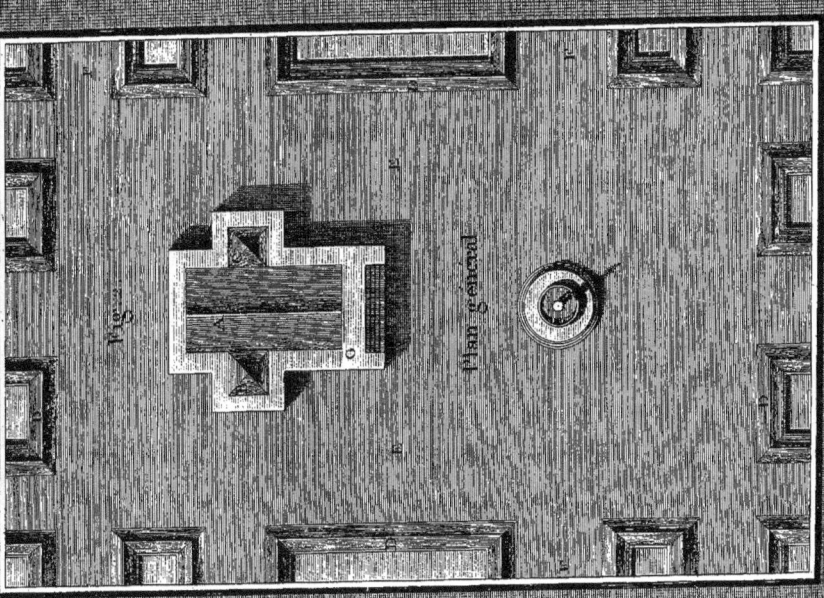

Règles du Dessin. Chap. I. ARCHITECTURE CIVILE. Planche V.

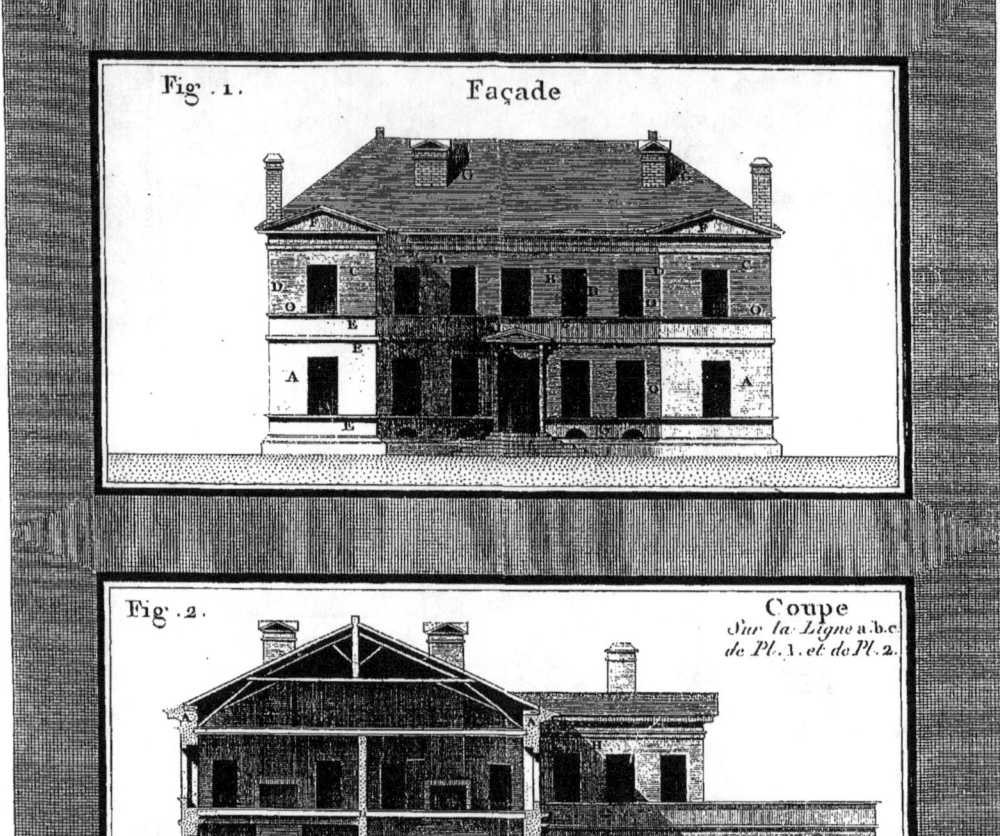

Fig. 1. Façade

Fig. 2. Coupe
Sur la Ligne a.b.c.
de Pl. 1. et de Pl. 2.

Dessiné par Delagardette. Gravé par Guitte.

Echelles duodécimales de Buchotte.

Echelle de trois lignes pour cent Toises.

Echelle d'un pouce pour cent Toises.

Echelle d'une ligne pour trois Toises.

Echelle d'une ligne pour une Toise.

Echelle de deux lignes pour une Toise.

Echelle de quatre lignes pour une Toise.

Echelle de six lignes pour une Toise.

Echelle de trois lignes pour un Pied.

Echelle de six lignes pour un Pied.

Echelle d'un pouce pour un Pied.

Echelle de deux pouces pour un Pied.

Echelle de quatre pouces pour un Pied.

Echelles pour les Cartes Géographiques

Echelle d'un pouce pour une Lieue.

Echelle d'un pouce pour trois Lieues.

Echelle d'un pouce pour quinze Lieues.

ARCHITECTURE MILITAIRE.

Échelles Décimales ou Métriques, du C.^{en} Gelliotte.

Planche VII.

Gravée par Guitte.

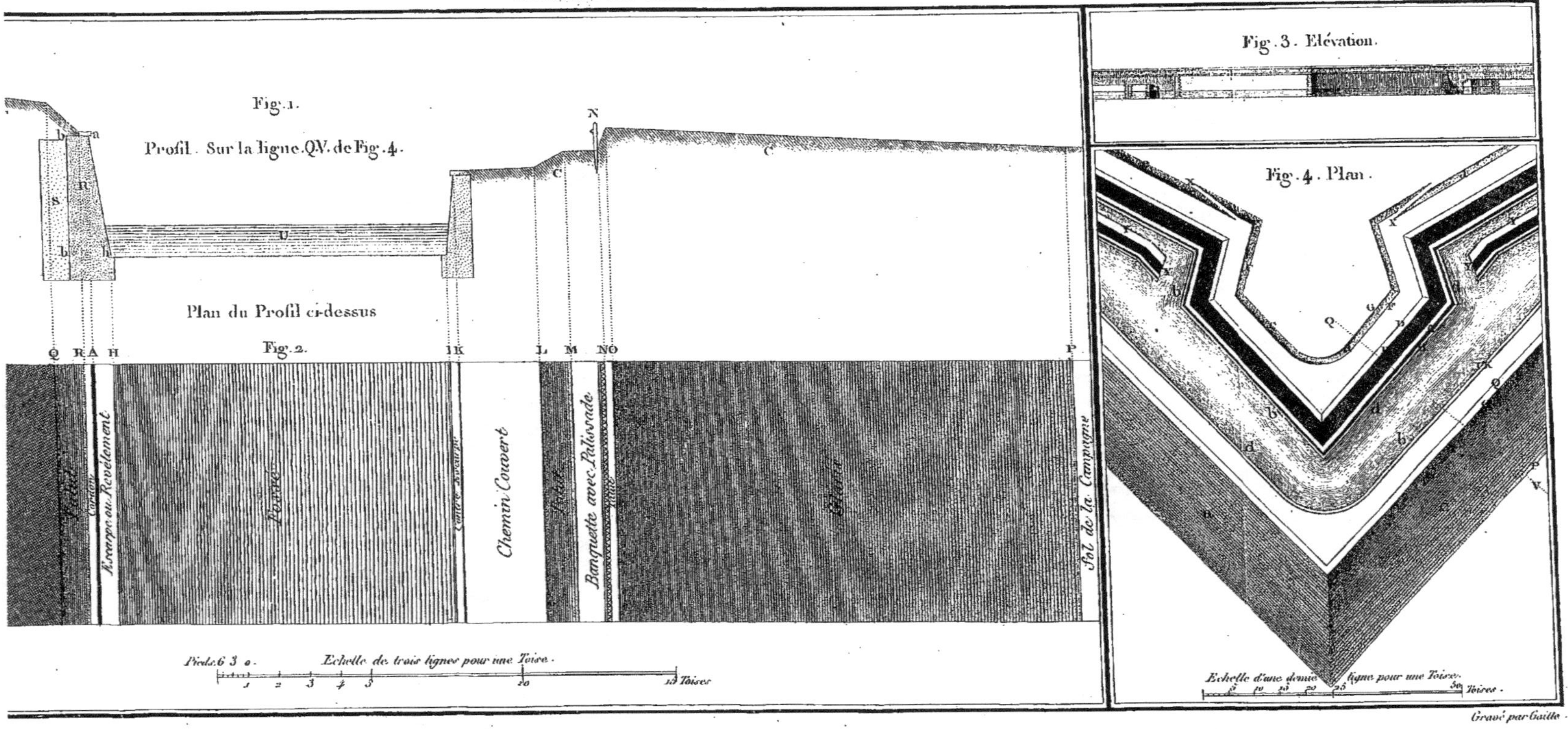

ARCHITECTURE MILITAIRE.

Planche. VIII.

Fig. 3. Élévation.

Fig. 4. Plan.

Fig. 1. Profil Sur la ligne QV. de Fig. 4.

Fig. 2. Plan du Profil ci-dessus.

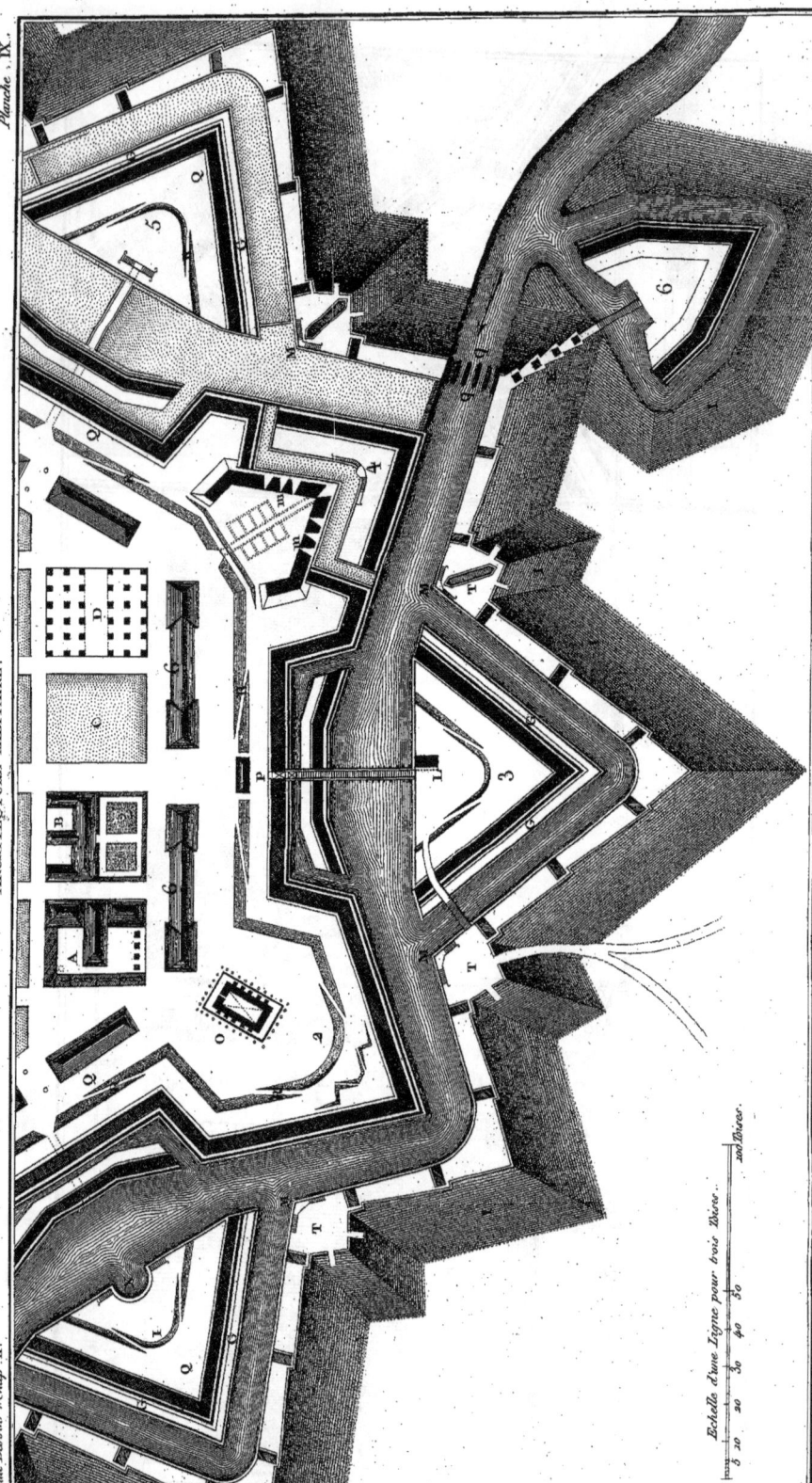

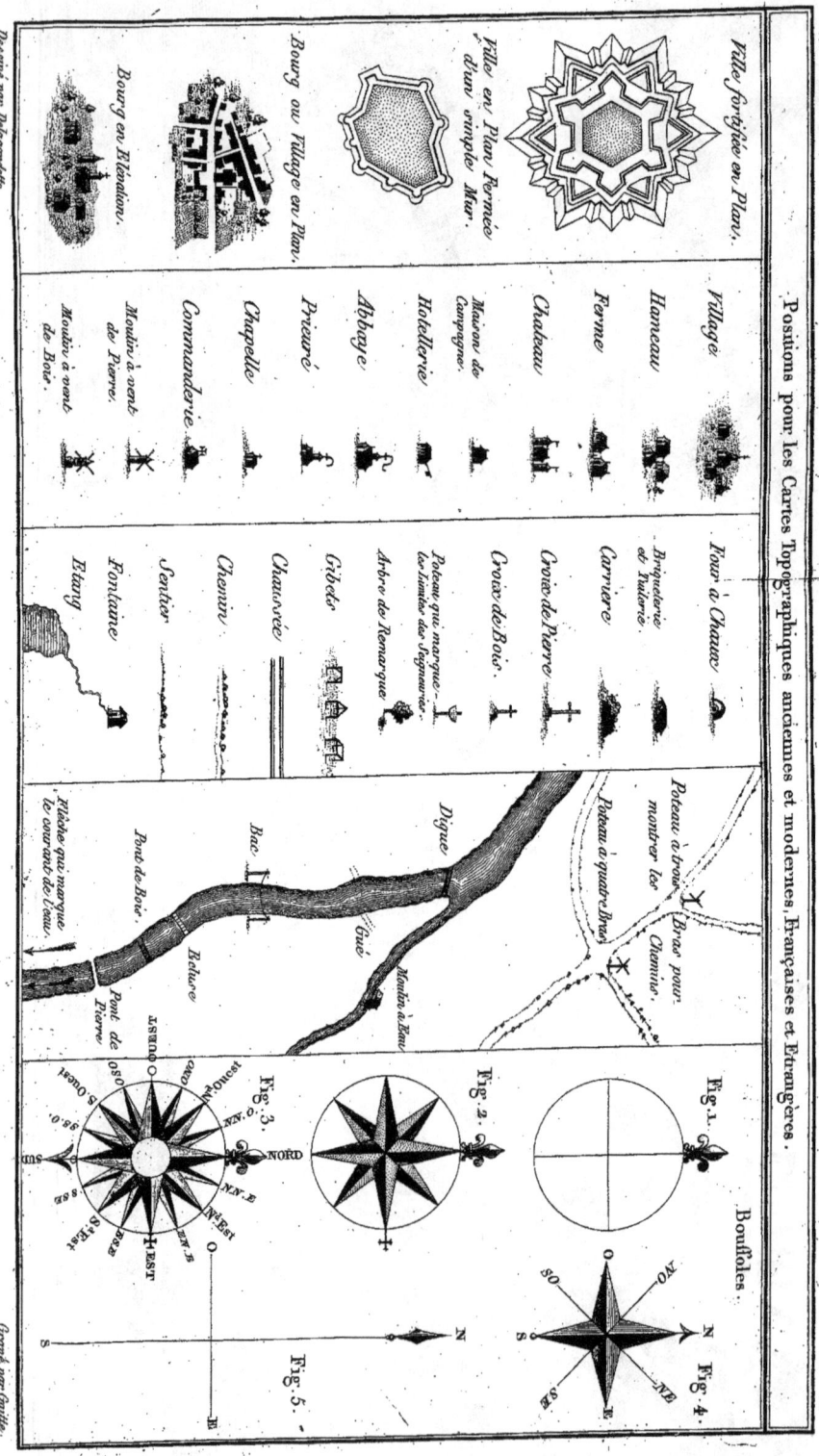

Règles du Dessin. Chap. II.   Planche XII.

ARCHITECTURE MILITAIRE.

Positions, Notes, ou Marques pour les Cartes Géographiques anciennes et modernes, Françaises et Etrangères.

Empire.	**Juridictions Civiles.**	**Prérogatives diverses.**	℣ Bureau des Finances.
Royaume.	Bailliage.	R̄ République.	♀ Ville où l'on bat Monnoie.
Fief de l'Église.	Election.	F̄ Ville Franche.	✶ Sépulture des Roys.
Juridictions Ecclésiastiques.	Prévôté.	B̄ Baron qui assiste aux Etats.	⚓ Port de Mer.
Archevêché Catholique.	Siège.	Ville qui députe aux Etats.	⚐ Chef lieu de Département.
Evêché.	Siège Royal.	Ville Anséatique.	**Distinctions Féodales.**
Archevêché Protestant.	Viguerie.	Ville Impériale d'Allemagne.	D̄P̄ Duché Pairie.
Evêché.	Sénéchaussée.	Chateau.	D̄ Duché.
Patriarche.	Presidial.	Gouvernement de Place.	M̄ Marquisat.
Brêche Schismatique.	Eaux et Forêts.	Résidence du Prince.	C̄ Comté.
Abbaye.	Cour des Aydes.	Généralité.	V̄ Vicomté.
Prieuré.	Chambre des Comptes.	Université.	B̄ Baronnie.
Commanderie.	Conseil Souverain.	Grenier à Sel.	⚔ Champ de Bataille.
ARH Abbaye Royale d'Hommes.	Amirauté.		⚔ Bataille gagnée.
ARF Abbaye Royale de Filles.	Parlement de France.		⚔ Bataille perdue.

Pour les Cartes des Elections et des Départements.

	En Plan en Élévation		Croix Subérecte Ruiné
Ville Fortifiée		Chateau	
Ville fermée d'un simple mur		Chateau Fortifié	
Grande Ville		Abbaye	
Petite Ville		Prieuré	
Bourg		Commanderie	
Village		Chapelle	
Hameau		Moulin à Eau	
Métairie		Moulin à Vent	

Pour la Carte des Royaumes.

	En Plan. En Élévation.
Capitale du Royaume	
Capitale de chaque Province	
Petite Ville	
Bourg ou Village	

Pour les Cartes des 4 Parties du Monde.

Ville Capitale	◉
Ville Secondaire	○

Dessiné par Delagardette.   Gravé par Gaulté.

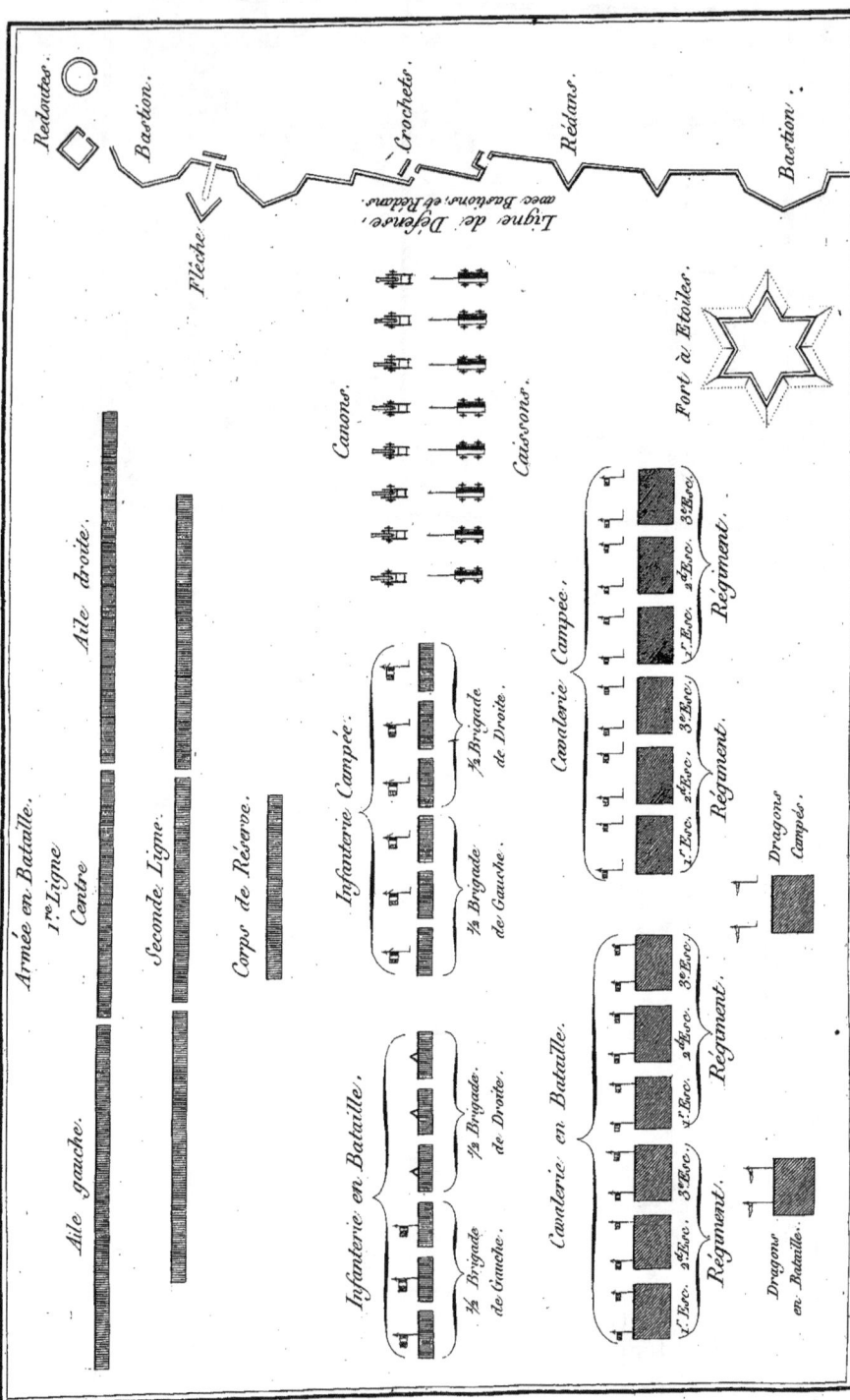

Règles du Dessein. Chap. II.   Planche XIV.

ARCHITECTURE MILITAIRE.

Siège d'une Place.

- Redoute.
- Canons.
- Redoute.
- Batterie de Mortiers.
- Redoute.
- Boyau pour dégager la Tranchée.
- Épaulement pour la Cavalerie.
- Logement sur la Contrescarpe.
- Fourneau.
- Entrée de la Mine.
- Troisième Parallèle.
- Batterie de Canons.
- Magazin à Poudre.
- Canons.
- Batterie de Mortiers.
- Canons.
- Batterie de Canons.
- 2.ᵉ Parallèle.
- Magazin à Poudre.
- Première Parallèle ou Communication.

Indication des Travaux d'attaque.

- 1.ʳᵉ Nuit.
- 2.ᵉ Nuit.
- 3.ᵉ Nuit.
- 4.ᵉ Nuit.
- 5.ᵉ Nuit.
- 6.ᵉ Nuit.
- 7.ᵉ Nuit.
- 8.ᵉ Nuit.

Dessiné par Delagardette.   Gravé par Guillet.

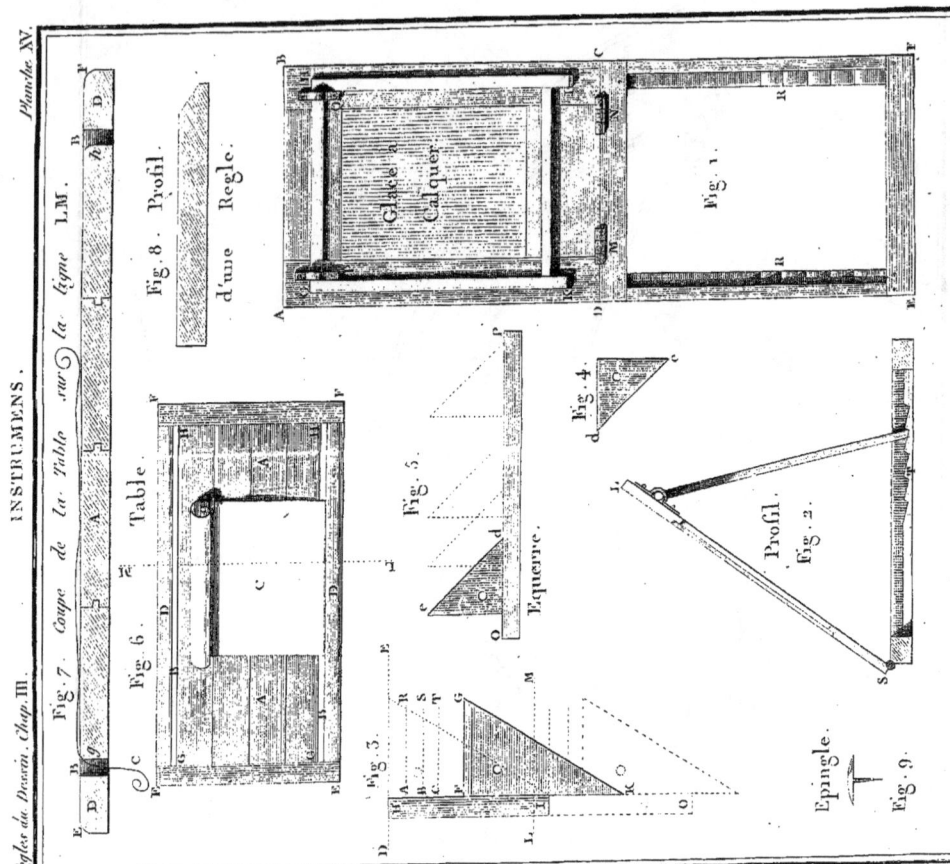

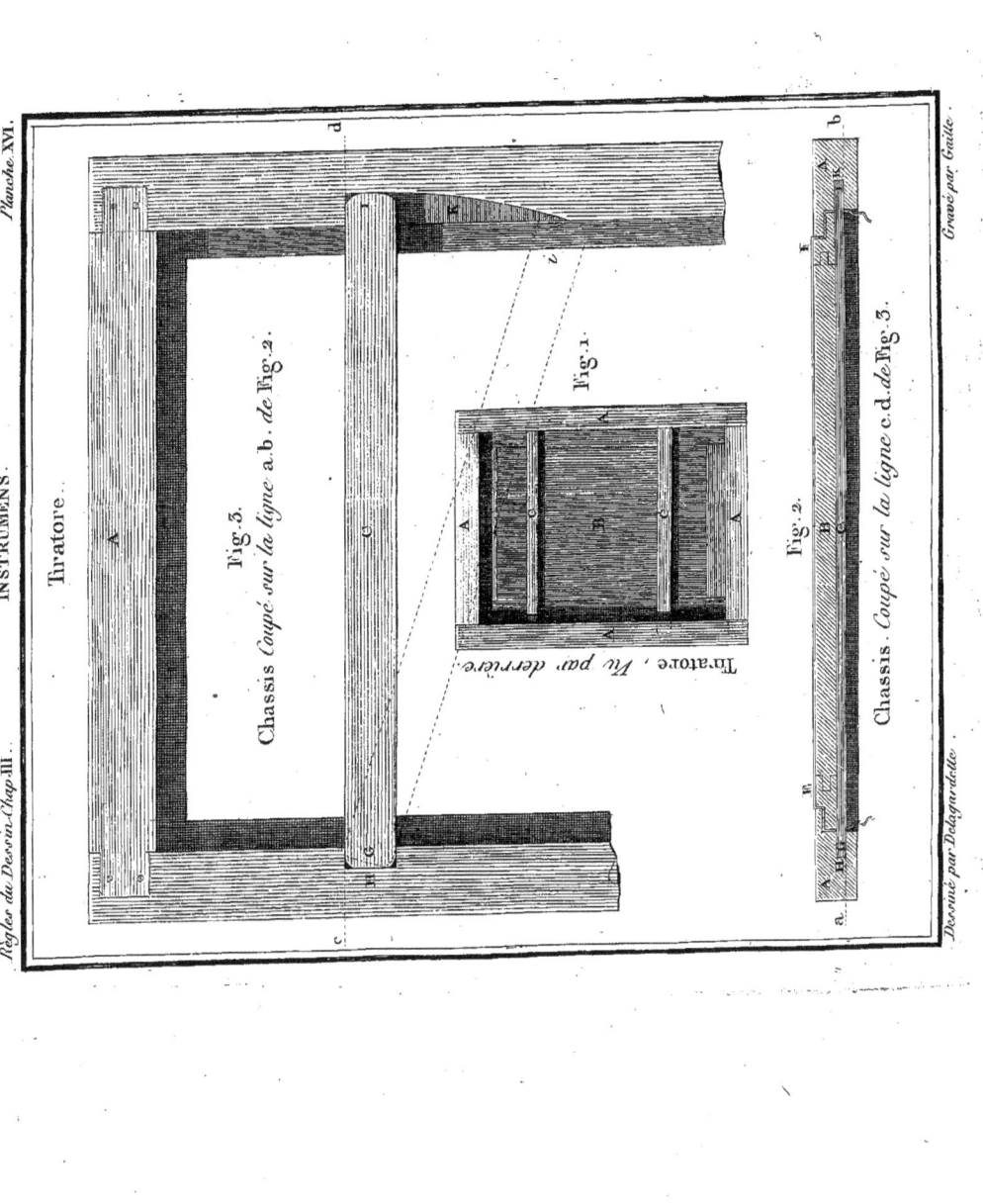

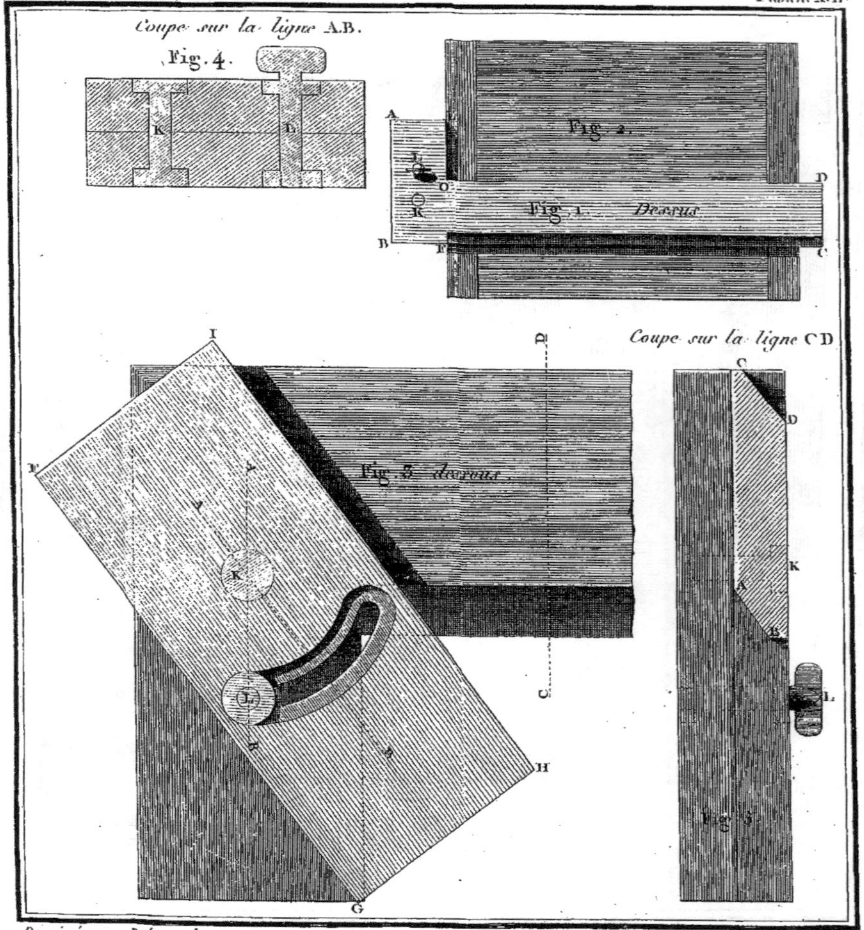

Règles du Dessein. Chap. III.   *Planche XVII.*

INSTRUMENS.

Coupe sur la ligne AB.

Fig. 4.

Fig. 2.

Fig. 1. *Besaid.*

Coupe sur la ligne CD.

Fig. 3. dessus.

Équerre mobile.

Dessiné par Delagardette.   *Gravé par Gaitte.*

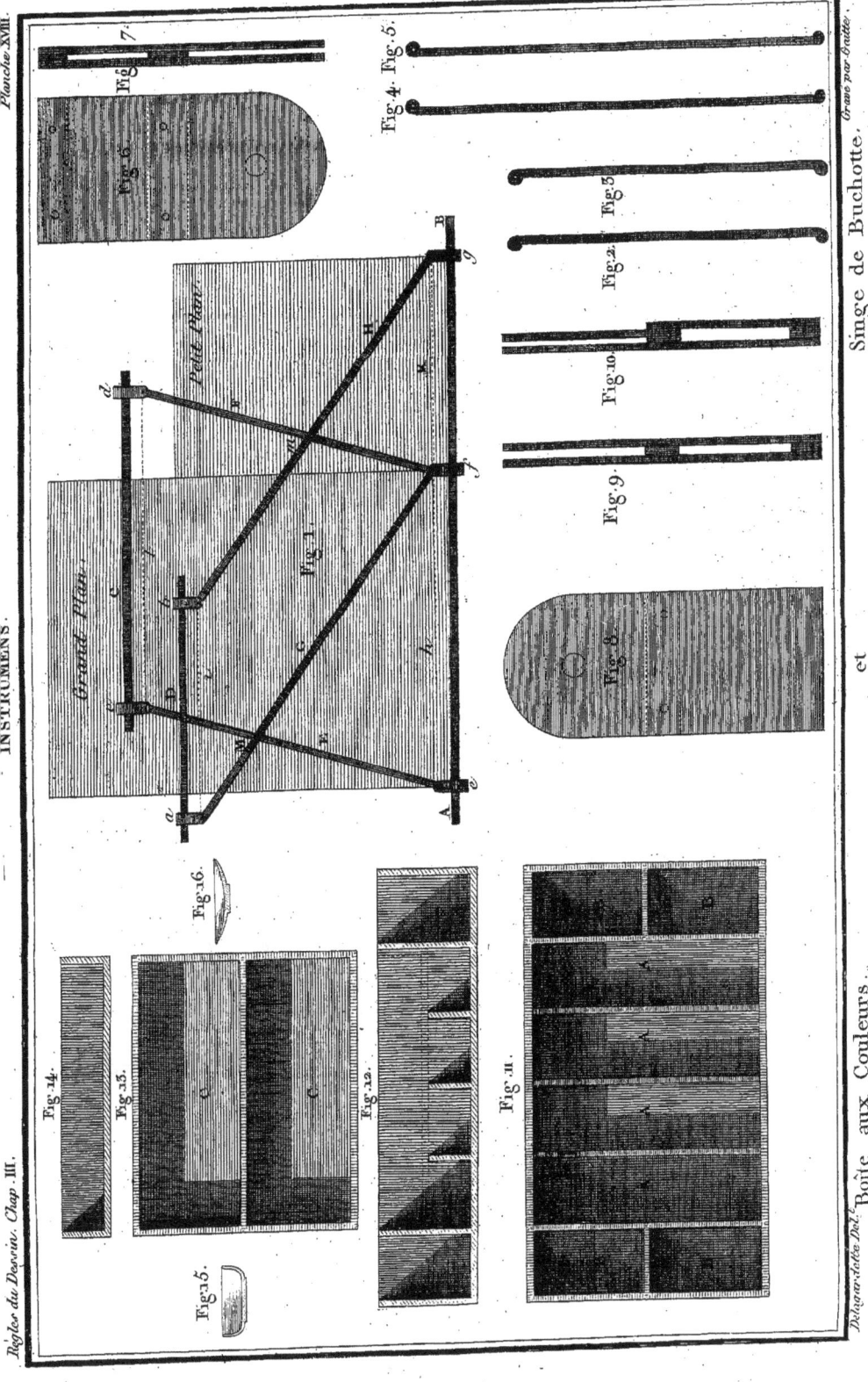

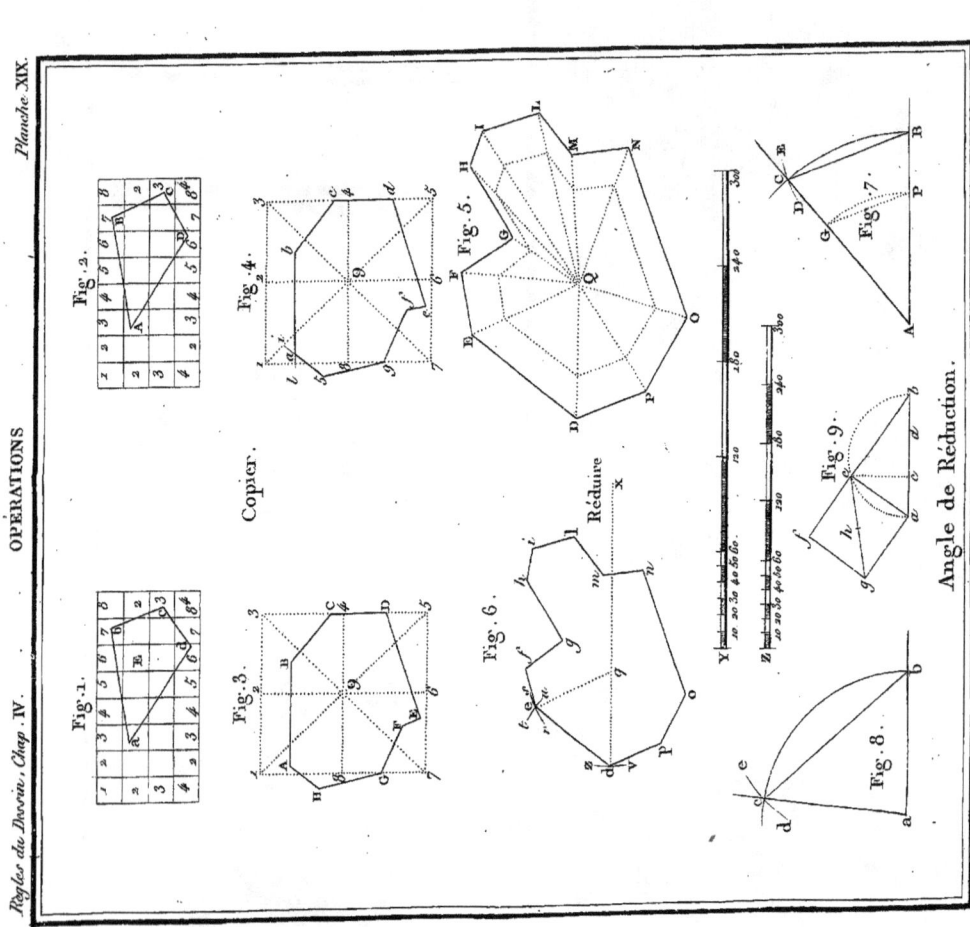

Règles du Dessin. Chap. II. Article X. Page 81.   Planche XX.

	Infanterie	Cavalerie
Troupes Françaises......		
" Italiques......		
" Bataves......		
" Helvetiques......		
" Liguriennes......		
" Autrichiennes......		
" d'Empire......		
" de Suede......		
" de Dannemarck......		
" de Prusse......		
" d'Espagne......		
" de Naples......		
" d'Etrurie......		
" d'Angleterre......		
" du Pape......		
" de Turquie......		
" de Russie......		

Dessiné par Delagardette.   Gravé par Gaulle.

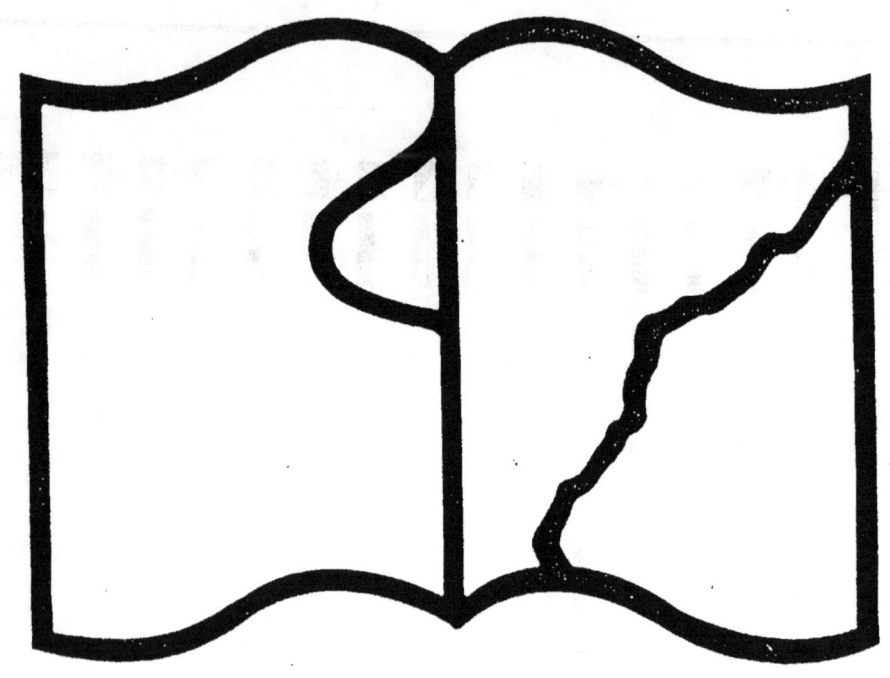

Texte détérioré — reliure défectueuse

NF Z 43-120-11

www.ingramcontent.com/pod-product-compliance
Lightning Source LLC
Chambersburg PA
CBHW051915160426
43198CB00012B/1896